시인 **고월예** 高月禮

경기도 안성에서 태어났습니다.
2017년 심상에서 신인상을 받았습니다.
한국 방송통신대학 국어국문학과를 졸업하여
한남대학교 대학원에서 문예창작학과 석사로 졸업하였습니다.

- kowy11@hanmail.net

그 여자의 정원

이든기획詩選 023

그 여자의 정원

고월예 시집

아든북

시인의 말

서두르지 않는 것에 익숙된 삶
내 앞을 스쳐 지나가는
무수한 인연들의 뒷모습을 보며 갑니다.
진정한 위안이었습니다.
말랑한 더듬이 촉 두 개로 느리게 가겠습니다.
잘 하기보다는
근거 없는 자신감만을 갖고 가겠습니다.

길 동무를 만나 두런두런 나누었던
소박한 이야기들 모아 올립니다.
첫 시집이라는 의미가 주는 기쁨도 있지만
얼굴이 붉어져 한없이 움츠러드는 마음이 더 큽니다.

2025년 가을 문턱에서 고월예

차례

시인의 말 ······················ 5

1부 찻집의 노래

찻집의 노래	················	13
깨끗한 웃음	················	14
여행	················	16
빛의 시어터	················	18
구월 애(愛)	················	20
독한 고독	················	22
가는 것 버리는 것	················	24
덮고 가자	················	26
언어 상자	················	28
나무 일기	················	29
체면을 걸다	················	30
런 웨이	················	32
지용의 별	················	34
달력	················	35
독특한 실수	················	36
불면을 보다	················	38
어떤 치유	················	39
캠프화이어	················	40

이슬과 어둠	················	41
신동엽의 시 세계	················	42
스크린	················	43
거울	················	44
마음	················	45
어려운 시	················	46
오일장	················	47
우산	················	48
호기심	················	49
어떤 동거	················	50
앎	················	51
풍경風磬 2	················	52
화첩 여행	················	53
십이월	················	54
호수	················	55
강가에서	················	56
숲속의 비	················	58

2부 조각보

비 온 뒤	…………	61
그 여자의 정원	…………	62
별리	…………	64
사랑 한 줌	…………	65
마침표	…………	66
엄마의 비늘	…………	68
원점	…………	69
빙의	…………	70
품앗이	…………	71
어머니의 집	…………	72
나무 연가	…………	73
조각보	…………	74
나의 어머니	…………	76
풀잎	…………	77
풍경風磬 1	…………	78
한편의 시가 되고픈 날에	…………	79
일개미	…………	80
국립 현충원	…………	81

3부 나목

캄파넬라꽃	…………	85
이불	…………	86
장미화	…………	88
명작	…………	89
가죽	…………	90
핑퐁이	…………	91
안경	…………	92
겨울 산	…………	93
음악 분수	…………	94
은방울꽃	…………	96
무궁화	…………	97
비누	…………	98
사루비아	…………	99
영춘화	…………	100
후리지아	…………	101
모빌	…………	102
강	…………	103
액자	…………	104
태풍	…………	106
폭포	…………	107
택배	…………	108

도깨비바늘	109
씨앗의 여행	110
미모사	111
나목	112

4부 매봉산 아래 톨미

친구 생각	115
매봉산 아래 톨미	116
코고무신	118
초등학교 복도	119
봉분 아래서	120
계절이 지난 자리	122
초록의 꿈	123
앵두	124
뒤웅박	125

|해설|양애경 ·················· 126
　삶을 의미 있게 하는 언어를 찾아서

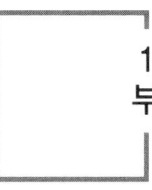

찻집의 노래

찻집의 노래

눈이 많이 내려 겨울을 만나러 갔습니다

언덕 위 크고 작은 창문들이 강물을 모으고 있었습니다
예전의 그 모습처럼
여전히 하얗고 수북한 정이 쌓여 있었습니다
겨울은 그렇게 고요한 모습으로 기다리고 있었고
생각은 무엇인가를 만지작거리기 시작하였습니다

옛 노래가 구석에서 시작되어
천장을 치고 현관을 나가 강물에 뛰어들 때마다 외마디 들렸습니다
장난감 병정 같은 이야기는 세월 속에 녹아내리고 있었습니다

탁상공론으로 그치고 말
우리는 똑같은 유전자로 살아갈 이유밖에 없던 날들이었습니다
빛바랜 그림 속 마음의 벽화로 굳어져
아무렇게 내 팽개쳐 질 먼 훗날을 보았습니다
고개 들어 하늘 높은 바람소리 듣습니다

깨끗한 웃음

그리 멀지 않던 날
비비고 비틀어 짜면서 쾌감을 얻었던 어떤 하루가 있었지
현대 문명을 거부할 수 없게 만든 유혹
그르렁그르렁 기계소리에 흐뭇한 시선을 보내본다

비눗방울이 눈 치켜뜨고 날아오르다 고요하게 납작 엎드린다
몇 차례 촤르르 촤르르 물 바꾸며 내려가는 소리
긴 바짓가랑이는 목덜미를 휘감고
팔 한쪽은 촉수가 되어 속옷 유희하고
양말 몇 개는 폭포수 아래를 뒹굴다가
절벽아래 거꾸로 낙하한다

침묵의 시간이 짧게 이어진 뒤
마지막으로 몸을 부르르 떨 땐 그들도 덩달아 몸부림쳐졌다

더럽혀진 하수구 마개를
어떤 이름 끄적이다 열어보니
헝클어진 머리카락이
기억 저 편으로 폐기했던 지난 이야기처럼 엉겨 붙어있다

신혼시절
옥상 시멘트 바닥으로 떨어진 적 생각하며
베란다 건조대에 가지런히 정렬 맞춰 앉아있는 너는
뽀송뽀송한 오후 햇살 끝을 잡고 흐뭇한 내 눈동자 잡아끌며
웃는다

여행

끈은 제 몸을 비틀어지도록 조였다
그럴 때마다 파랗게 질렸다
표정이 안쓰럽지만 외면한 채 매달고 떠난다

언제나 긴장으로 무장하지만 설렘이 덮어 주기에 충분했다

먹던 간식 밀어 넣고
마주하던 사람들 접어 둔 채
내 발자국 밟지 못하게 지우며 간다

낯선 곳을 만날 때마다 점퍼 깃이 곤두선다
자연이라는 순수의 민낯에 나를 투영해 보기에 안성맞춤이다
흘려보내는 방향 따라 산과 바다, 풍광을 접어가며 흐름 따라 몸을 맡기며 간다

걸터앉아 숨 고르기 하는 곳엔 햇살이 늘 따라와 있었다

주머니를 뒤진다
퇴색된 것 치유된 조각까지

묵은 부스러기들을 모두 털어버린다

버릴 때마다 상쾌한 바람 하나씩 불어왔다
낯선 곳에서의 버림과 채움은 진정한 얼굴이었다

운동화 끈이 느슨해지면 다시 조이는 시간을 가질 것이다

빛의 시어터

수많은 빛의 진액을 담아 놓은 통이었다

돌아와 누워있는 내게 너는 한 동안 나를 그냥 두지 않았다

빛의 냄새는 황홀했으며 야릇한 맛과 조화를 이루었다
자유롭게 틈새를 파고들었고
배경 음악은 영혼의 귀를 일으켜 세웠다
두 눈이 바빠졌고 반짝이는 창작을 해야 했다

빛들은 추임새를 주고받으며
우주에 있는 색깔들을 모조리 모으는 작업하기 바빴다

몸과 몸이 포개지고 빛에 빛이 포개어져 바람 한 점 통과 할 틈새를 주지 않는다

알록달록한 그림자를 따라 들어간 곳
그곳에는 세계적인 명작들이 득실거렸다
"꿈이에요? 생시예요?"
어느새 내 그림자가 춤 추기 시작했다

관능미 넘치는 여인들에게 몸을 맡겨 한참을 뒹굴었다
나는 스스로 기절하고 싶어졌다

캔퍼스에 펼쳐진 무한한 사물들과
쉼 없는 교감은 철학이었다
육과 혼의 공존
구스타프 클림트의 명화는
살아있는 나를 더 살게 만들었다

* 구스타프 클림트 : 오스트리아 출생. 여성의 관능미를 표현하는 화가다.
화려한 색채와 장식적, 기하학적인 장식을 모티브 하는 화가로 유명하다.

구월 애愛

빈 문패가 달린 곳에 나는 나를 걸어 두고
달리기 시작했어
내 이름은 산이 되고 바다가 되고 들판 되어
뻗친 머리카락에 풀칠하며 신났었지

그려 넣을 과제가 주어졌을 때
올라가다 떨어지길 반복
헤매고 있을 땐 재치도 한몫했어
소나기 뒤엔 뭉게구름이 응원하러 왔어
옷이 젖고
마음이 젖었을 땐 태양이 달려와 나를 안아줬지

어느 점 하나에 눈과 마주치면 또 달렸어
그때
전생과 현생 사이에서 흘린 땀이 젤 많았지
말랑거렸던 구두는 단단해질 대로 단단해졌고
몸 안의 뼈들을 한데 모이는 이유가 됐어

내 키가 훌쩍 컸으니

네 키는 더 커졌겠지

태양을 안고 기도하는 버릇이 참 좋아졌어, 구월 애

독한 고독

내가 곁에 없을 때도
시계 초침은 두 팔과 발과 목을 흔들며 돌았다

베란다 빨래가 바람에 저 혼자 오후를 털고
안시리움 꽃이 몇 달 동안 나와 눈 인사 한다

앰뷸런스 구급차 아프게 달려가는 소리에
동네 E 종합병원이 연녹색으로 떠 올랐다

눈이 부신 날엔 사슴 닮은 소녀가 찾아와 손을 꼭 잡아 준다

옛 친구의 전화번호에서 곰팡이가 폈지만
냄새나게 두었다

개미의 페로몬을 흩트려 놓았던 하루
독한 고독을 두 손으로 쪼물딱 거리는데
 스팸 전화 숨 가쁘게 달려와 나의 소중한 페로몬을 흩트려 놓는다

원숭이 엉덩이는 빨개, 빨개는 사과, 맛있어는 바나나, 기차, 비행기까지…
저녁밥 지을 시간이 되자
상념들이 시나브로 썰물 되었다

가는 것 버리는 것

미완성 그대로 가라지
그런대로 소중한 구석도 있으니까
402호 구멍에는 꼬물거리는 생명체 세 들어 산다

영원할 수 없는 것 다 가라지
시 한 수 읽다가 내 생각해 준다면 그것으로 만족해
우리는 스스로 외로움 희석하는 달인이니까

인연은 독한 알코올, 취했다 깨어나면 허무한 것

덜 채워진 것 원망 말아야지
빌려 쓰다 놓고 가야 하는 것
사랑했던 요람 떠나는 날 기필코 난 웃을 수 있을 테니까

풀 벌레
나지막한 노랫소리 깊은 뜻 몰라도 돼
여백에 네 생각 채우면 되니까
달빛이 아름다운 밤
강물에 쏟아지는 별 빛 받으며 어서 여기까지 오렴

사랑에 빠졌던 바보면 어떤가
생살 뜯겨나가는 열정 앓았고 새살 돋았는데
우주 안에 있는 한 너나 나나 이방인
미래를 위한 꿈 꾸는 행위는 필수이니까

덮고 가자

푸르름이 퇴색되면
상기된 두 손 모으고 겸손하다

생명체는 이 세상이 우연이라 하지 않는다
주인공이며 지휘봉을 잡고 간다
시간이 빠르게 가지만 진행에 반기 들지 않는다
사랑이 두려운가
이별이 두려운가
떠나가는 것에 대한 미련이 큰가
아쉬움 투성이 후회하는 것이 정답이다

외로움이 수작이라던 네가
별처럼 또랑또랑 했던 눈 지긋히 감고 있지 않는가
누구나 외로움 타는 이방인들
풀잎이 사그락거리는 소리에 목 터져라 우는 풀 벌레까지
울울창창한 자작나무 숲 먼 곳 한 바퀴 돌아와
조잘대다 휑~하게 가버리는 시간이 십이월처럼 겸손하다

앙금으로 남은 지난 이야기 하얀 서찰 띄워 다 잊으라

서러워 말고 잊으라
못다 한 이야기까지
다 덮고 가라 한다

언어 상자

대접받는 것에 길 들여진 너를 만나면 두 손이 모아진다
고민을 정성껏 해야 하고
크고 작은 것과 상관없이 너는 늘 진한 감동을 요구한다

생각을 넣어주면 감정을 키워주고
매끄럽지 않으면 투정 부리며
입맛은 잡식성이면서 걸식증이라서 늘 고파한다
어색할 땐 입말로 써 달라고 한다

먹잇감을 위해 어디든 떠났으며 돌아올 땐 누렇게 뜬 연체동물이 되었다
바닥에 엎드린 채 고민하는 시간이 길었다
컴퓨터와 한 몸 되어
행과 연의 속내를 넣어 주는 일
유형무형의 것들을 모아 모아 넣어 주지만 언제나 목마름이다

세상에 맞는 날개옷을 입힌다
소모되기 위해서
때론 누군가의 뇌리에 적절하게 꽂혀 살아가길 바람해 본다
흑과 백의 논리가 냉정한 세상에서

나무 일기

성의 있게 끄적거렸던 애정의 흔적들
오래 전의 일기장에 차곡차곡 쌓여 있다

연두색 스프링 노트 겉장을 열어보니
봄 햇살을 그리워 한 날부터
단비를 흠뻑 마시고 흥얼거린 여름까지
달콤한 바람에게 소망을 들려준 이야기까지 다 모여 있었다

날짜가 적혀 있지 않은 어느 날엔
빈 들판에서 쓸쓸히 서 있는 너를 발견하고
덜 자란 선인장의 가시처럼
사계절을 찔러도 아프지 않은 외로움이기를 바랐다

가을 옆에 서 있는 나무들은 제살 떨구며
겨울 채비에 눈길 주지 않을 때
속 살이라도 두둑하게 살찌우길 기도했었다

낙엽은 그냥 지지 않았어
비를 흠뻑 밟고 따라온 이유로
어디론가 홀연히 떠나고 있었다

체면을 걸다

봉하나 잡고
옷은 화려하게
내가 아닌 가짜를 데려다 놓는다
꿈을 채우려고 비워 놓았던 바구니에
낯선 객들이 달복달복하고 어색하여 따로 또 같이 논다
이방인의 말투가 눈을 부릅 뜨게 한다
식사 하고 씻고 잠을 잤을 뿐인데
일개미 항문따라 가는 길 페르몬에 천둥이 후려친다

그 손잡이는 뜨거웠지만 열어야 했다
아득한 정답 찾아
외로움과 고독이 따라 붙는다
뿌리지 않은 싹 하나 때문에
웃고 있는 노란 이파리
짓밟혀지지 않았고
꺾을 수도 없는 것

언제까지 페어 맞춰야 할까 내 삶을
선인장이 치맛자락 끝을 휘감는다

체면봉으로 힘껏 내려 쳐 보지만 빗나간다
제 구실 못하는 체면 봉

끊임없이 주문을 외우는 고독

런 웨이

정면을 바라보며 걸어가 봐
어깨는 펴고
엉덩이는 요염하도록 놔둬
두 팔은 자연스럽게 흔들어야 네가 찾는 그가 올 거야
그리고 활짝 웃는 미소라는 애, 그 애를 잠깐 빌려와 봐

무대 밑에서 너를 주시하는 눈동자들의 마음을 읽어야 해
무대 위는 언제나 냉정한 외로움인 걸

화려하게 나염 한 실크 드레스에게 경쾌한 리듬을 덧칠하고
여자여자 만들어 봐 봐
길게 늘어진 큐빅 귀걸이의 관절을 맘껏 흔들게 놔둬
잘 놀아야 후회 없으니까

비틀림 없게 걸어봐
바짓가랑이 툭툭 걷어차고
꼿꼿하게 전진, 티턴, 빽턴, 바로턴

음악이 끝나면 퇴장하는 무대 뒤에서

춤추던 날개 가지런히 접고 숨 고르기 한다
스프레이 잔뜩 먹은 뻣뻣한 머리칼 콧대 꺾고
눈동자 절반 가렸던 인조 속눈썹 팽개친다

운동화의 츄리닝 모습이 진정한 나였다면
화려한 옷은 보여주기 위한 것은 쑈 쑈

지용의 별

엷은 바람에도 흔들리는 사초들
고요는 빛과 침잠하는 밤
뒤뜰 조릿대가 느리게 서걱댄다

두 볼이 달빛에 젖어 뽀얗게 웃는다
닿을 수 없는 손 끝이 떨리고
돌귀처럼 돋아난 상념들 허공에 점점이 퍼진다

한 계단 한 계단 내려오는 별 하나
맑은 햇살로 오다가
때로는 상처 난 절름발이로 온다
어린 그를 핥아준다
업고 얼러준다

사초도 데려오고 조릿대도 데려 오더니
바람도 데려 오고 상념도 데려 오던 그가
하얗게 떠난다

이슬의 무게를 견디지 못해 납작하게 눕는
또 다른 별 하나

달력

농농이는 달력의 나의 애칭이며 방마다 세 들어 산다
크기와 색깔이 달라서 삶처럼 지루하지 않다

바닥과 벽 사이 공간에서 내려 오지 않는다
그의 모태는 처음부터 시계의 촛침이었다
까칠한 그 호흡 소리는 365일 동안 내 살을 갉아 먹는다

굵직한 사계절을 짊어지고도
거미줄 같은 실눈으로 웃는 매력이 있어
그의 추종자가 되었다

농농이가 집안을 몰래 기어다닐 때 마다
그의 몸은 빨리 자라고
나는 느려진다
농농이 12장을 넘길 때마다
공들여 키운 딸 한 명씩 빼앗기기도 한다

연중무휴로
느린 듯 빠르게
그렇지만 반듯하게 가고 있었다

독특한 실수

허공이란 도화지에 열심히 쓰고 있었어
지우고 다시 쓰고를 여러 번
완성되었다 싶을 때
구름이 덮쳤고
내 것들을 한 줄기 바람이 모두 쓸어 갔어
너와 공감했던 시간은 순식간
가려져 있던 오만한 잠재가 전쟁을 선포했지
반복으로 열중했던 게 바보였지만
그 좁은 길을 가지는 말아야 했었어
이제는 그러지 않기로 했지만
나는 나를 어떻게 알겠어

지워버린 백지 위에 뒹구는 지우개 똥을 후~ 불고
자유의 의미를 다시 써 내려가는 나는 여유를 부렸지
비워진 곳에 다시 쓰일 이야기를 기대하고
안 가본 여정을 향해 펜을 든 나를 보며
산길을 걷고 흰 눈을 맞고
그것들을 사진으로 남기는 행위들
어쩜 나는 늘 취하고 싶었던 걸까

네가 다가와 오른손에 쥐고 있는 굵은 펜을 잡아 주었을 때
마음에 평화가 찾아왔어
정말이지 산다는 건
독특한 실수의 연속인 거야

불면을 보다

책장을 덮어 놓고 조명도 내보냈다
심장 박동처럼 초침 소리 깨어나 빈 방을 서성인다
잠으로 가는 시간을 카운트다운 해 보는 하얀 밤
생각이 촘촘하니 썰물처럼 더욱더 아득해지는 잠
맨발로 뛰어들어 요목조목 설득해도
둥지 안은 제비 알처럼 동그랗게 뜬 생각만 가득하다

어떤 치유

낯선 길 초입에서 빙그레 웃는 뚜벅이
그는 웃고 있지만 노랗게 곪아있었다
치유의 시간 내내
패인 상처가 징징거렸다

처음으로 돌려놓는 시간이 필요했다
쉰내 나는 목소리 만져주고
헐거운 운동화 끈 조여 주니 새 살이 고개 내민다
그럴 때마다 손금에 땀이 고였다

바람을 가르고 나타난 깃발
파랗게 질린 숲 길에 초록이 오면
밋밋하게 주고받은 침묵들이 줄행랑쳤다
심안의 울음도 먼바다로 달아났다

기름 묻힌 굵은 심지에 불 밝히자
환해진 울타리 따라 들꽃이 기다리고 있었다
곪아 터진 상처에 핑크빛 속살이 올라오고
꼭 집은 손가락 사이사이 별빛이 가득했다

캠프 화이어

맞선 보러 가는 아가씨 얼굴이 복숭아빛이다
풍경은 달달한 바람과 들꽃으로 흔들어 준다
내내 땅을 밟지 않는 발로 가고 있다

한낮에 뿔났던 열기는 계곡 물소리에 고개 떨구고
낙타 등처럼 굽이진 산골에 별이 내릴 때를 기다린다
엄마를 기다리는 아이처럼 칠월 열나흘에 내미는 상현달
영월의 김삿갓면 적막 강산에 엄마가 비집고 둥실 떠 오른다

아무렇게 내 팽겨졌던 녹슨 원통이 무대에 오르고
경쾌한 장작 타는 소리와 함께 불멍으로 간다
둘러 앉은 얼굴들이 석류알처럼 익어간다
우정도 저 붉은 속살에 엉키어 함께 뒹구는 시간이었다

 산새들은 깊은 잠에 빠져있는 시간
 가슴들이 진한 빛에 데어 버려 골짜기는 더 깊은 시간으로 가고 있다
 솟구치다 허공에서 사라지는 불꽃
 발화되지 못한 불꽃은 재가 되어 밤 하늘에 묻힌다
 널 만나러 먼 길 달려가길 잘했다

이슬과 어둠

어둠은 밤새 이슬을 품어주며 꿈을 꾼다
아침이 오기까지 먼 길을 달려갔다 오는 내내

별 무리 곤히 잠든 칠흑의 먼바다까지 갔다
둘은 영원할 것처럼
돌아오지 않을 것처럼

밤 여신의 몰락이 꼬리 칠 때마다
한 움큼씩 쏟아내는 여명
허기진 듯 달려드는 거지 같은 새벽이 오면
빈 가지는 앙칼지게 윙윙거린다

여명의 꼬리를 휘저으며 쫓아내지만
터덜터덜 돌아오는 싸늘해지는 심장
씰룩거리는 입 봉합해 놓고
어둠은 이슬 두고 혼자 떠나간다

신동엽의 시세계

詩는 한 알의 씨앗이다
생명이며 발화되어 활화산을 이루기도 한다
씨앗으로 돌아가는 귀수성歸數性이 詩다
시원의 복귀와 시원의 회복은 인간의 알몸이기도 하다

인생과 세계의 본질을 맑은 눈으로 통찰하고 비판해 보자
알맞게 따듯한 감성으로 데려와 녹여주고
부드러운 가슴으로 노래하며
농부의 손으로 쟁기질하듯 대지를 가꾸어도 보자

현실에 굳어버려 순수한 시원을 방해하는 것들
과거 현실 미래의 순환기적을 가로막는 것
어느 시인은 이것들을 껍데기라고 했던가
정신적 고향을 찾아
인간의 자연화를 찾아 떠나자, 그리고 시詩를 뿌려보자

미래의 원초적인 것을 찾는 사람
시는 씨앗처럼 뿌려지고 새겨지는 것이라며
확성기를 달고 순수의 회복을 외치는 목소리가 들린다
시를 갈망하는 정신적 고향을 떠나온 사람들의 외침이다

스크린

한 장 한 장 벗겨지는 비늘
맑간 속살이 꼬물거리면
손 끝에서 피어나는 생명의 소리
긴장한 관객들은 미지의 세계로 달려간다

포개진 풍경은 분해하고
깨지는 화면을 이어 붙인다
은폐로 많은 것 들을 가둬둘 때 일렁이는 파문들
대립이 화면을 뚫고 갈 채비 한다

무대에서 염殮 하던 손이
곡 소리 낮추며 뒷걸음질 친다
관객들의 눈물샘이 조각난 채로 한 대 얻어맞는다
내 심장도 강물로 미끄러져 갔다
예외 없는 한 단락의 단막극 일 뿐

퍼즐이 완성되고
언제나 마지막은 주연이 꽃
햇살은 주연의 아픈 곳을 엽록소로 치유한다
계면쩍게 웃지 말고 떠나자
엄지 검지 모아 부대를 집어 내린다

거울

깨트려 버릴까 생각하니
조각 난 유리 파편들이 앙칼지게 달려든다
마음이 약해져 가슴에 품고 갈까 하니
봄날 깊은 잠에 빠져 꿈꾸던 착한 소녀가 웃는다

너는 세상과 함께 왔고 언제나 내 곁에 있었다
휴지를 뽑아 닦아 주며
깨끗한 모습만을 요구했지
그러지 못할 땐 너의 등 뒤에 잠깐씩 숨기도 했다

너를 떠나온 지금
아직도 네가 사는 동네에
내가 다녀갔던 흔적들이 아직도 푸르게 남아 있는지
조잘대던 옛이야기들 퇴색되어 먼 길 떠나갔는지
귀먹고 눈 먼 할머니도 떠나고
말라버린 수수깡 긴 목이 서럽게 서 있던 곳

민낯에 순수했던 생각들
입김으로 흐려 놓은 뒤 발바닥으로 지워 버린다
헛짚은 날들이 쌓이면서 아가씨는 앵앵거렸지만
차가워진 손은 그에게 선인장 하나를 주고 떠나왔다

마음

우리라는 말 뒤에
온화한 얼굴 뒤에
숨겨진 그늘을 보았는가
가슴과 가슴이 멀리 있어 그 사이로 햇살이 채워준다

삶의 파도에 버거웠던 지난날
관념과 관습에 젖어 상심했던 지난날까지
서로를 향한 날들이 헛되지 않기를 소망한다

오해로 저물어져 서먹하게 웃던 날
전부를 다 볼 줄 알면서도
우주 밖에서 헛손질해야만 했던 날까지
큰 사람과 작은 사람이 공평하게 허락된 세상

성장의 일대기 자상하게 들려주며 다독이던 너를 만나
낯선 땅 어설픈 사람들 사이에
따듯하게 살아가는 마지막 하늘 아래
사랑의 강물은 흘러가고 있었다

어려운 시

가슴으로 안기까지 시간이 걸렸다
피해 다니며 잡히지 않는 것이 그의 습성이었다

내 손에 만져지기까지 오래 걸렸다
짧은 손짓 한 번으로 뒤돌아 갈 때면 난감했다

행과 연의 빠른 호흡
획의 팔딱거리는 소리가 참붕어 같다
슬픈 시는 두통을 동반하더니
어제보다 한 뼘 통통해졌다

회색 하늘 너머에서 기웃거리는 너
밝은 얼굴을 기다리면 된다
더디게 오는 너는
또각또각 하이힐 신고 올 것이다

오일장

날줄과 씨줄로 얽힌 골목길
저마다 자신의 영역에 깃발 꽂고 성城을 지킨다

새벽 어둠 뚫고 달려와
하루를 시작하는 곳이 신선 하다
몸을 곧추 세워
다른 병정의 관문을 넘지 않는다는 무언의 약속들

확성기 소리에 박수 소리 아침을 깨우며
칼과 방패가 번뜩이는 흥정이 시작된다
밭에서 갓 싣고 온 싱그런 야채
퍼뜩이는 생선 과일까지

하루를 잘 계워낸 승리자의 보상은
빛바랜 앞치마에 고스란히 담겨 있다
바스락 거리는 소리가 위안을 준다

질퍽했던 하루
따듯한 노을 내려앉으면
성城의 깃발 뽑고 돌아간다

우산

잿빛 허공에서 촤르르 열린다
긴 팔 뻗어 나를 밀어 넣고
후드득 빗소리 들으며 간다
가늘게 휘어진 선 따라 주르륵 흘러내리는 노래는
땅에서 비꽃으로 다시 피어나고
질퍽거리는 장화하고 논다
기둥 하나에 매달린 날개를 펴고
꼿꼿이 세워
어디든지 떠날 준비되어 있다

빗줄기만큼
생성되는 너의 목소리 눈에 담고
몸에 밀착되어 피동으로 따라 걷는다
동그랗게 피었다 사라지는 빗꽃
하늘로
들길로
두 눈 속에
측은한 잔상으로 남아
방울방울 터지는 가로등 불빛 아래서
옛이야기 타닥타닥 태워보자

호기심

시력을 갉아먹는다

입술이 바빠져 말이 많아진다

두 귀는 허와 참에서 방황하다가
허의 심장에 직진으로 꽂힌다

색과 맛과 진실을 알고 난 후
호사스러운 고독이 기다렸다

어떤 동거同居

파란 하늘, 햇살, 바람이 훅 들어온다
눈과 입이 토끼 눈처럼 동그래졌다
가을 색깔들로 채워지는 내 방
책상 위, 침대, 액자, 벽시계까지 가을로 흥건하다
볼펜 끝이 울다 웃다가 고독한 척한다

길을 걷다가
빨간 단풍잎 하나 주머니에 넣었다
몸이 뜨거워졌고
계절에 덴 자국이 너무 아파왔다
외로움이 발아되어 어깨가 들먹이기 시작했다

빛바랜 가을은 나를 보고 히죽거리고
내 이마에 달라붙어 경쾌하게 울다가 웃었다
모든 게 온전하게 가고 있는 거라고
슬퍼 말라고 속살거리는 귓속말에 술 취한 주정뱅이처럼
히죽히죽 웃어 주었다
그런 가을, 가을
너를 꽉 안고
열흘만 더 살고 싶다

앎

우정이
퇴색되어 떠나가니
추억이 되고

사랑은
빛바랜 가을 낙엽
겨울을 두려워 하지만

치유하고
생성하며 영글어가는 삶
앎 동시에 달아나는 찰나 같은 삶

중년은 말캉거리는 여유로움으로 보상받고
소소한 행복들 야금야금 챙겨서 가야지

조명 꺼진 무대 위에서 두리번거리지 말자
주연도 조연도 각자의 짐 챙기고 떠나간다
객석도 모두 떠난다
진공 상태 0을 의식하고 살아왔기에 흔들렸지만 쓰러지지 않았다
조금만 더 그런 공간에서 머물다 갈 것이다

풍경風磬 2

소중해서 감춰 놓은 동경
옛이야기 오소소 쌓인 그곳 흰나비 따라 떠나자

칠흑의 湖心에 투신한 고요
바래진 슬픈 눈 뒤척이며
밤의 두께를 삭이는 저 소리

높게 혹은 낮게
가슴 높이에서 음계로 핀 오선지 따라 떠나가 보자

너즐너즐 춤추며 날아가는
수백수천 개의 나비 떼 따라가보자

화첩 여행

기타 메고
화첩 챙겨
늦가을 풍경 만나러 간다

어느 시골 목조 건물 간이역
진눈깨비 날리는 광장을 뒤로하고
한적한 시골길 지나 가을색 짙은 오솔길로 들어선다

걸음 동무는 시를 짓고 노래 부르며
화첩의 여백을 풍성하게 덧칠한다
나무에 부딪혀 되돌아오는 화음 마주 보며 웃는다

운무가 깔린 숲길
베레모 위에 촉촉히 젖어드는 상념들
도시의 비틀어진 것들 정리하기 좋은 날

몸이 갈색으로 물들어 있었다
잔잔하게 웃는 산국화 뒤로하고
화첩에 채워진 꿈들이 올라갔던 발자국을
거꾸로 밟고 내려온다

십이월

막차탄 마음들이 바쁘다
안으로 안으로 파고드는 걸음들
회색 빌딩도 냉기에 오돌거린다

유리창 너머에서
잎과 꽃이 실종되면
나목은 서러운 울음만 꺼이꺼이 토해 낸다

바람 불면 수많은 구멍들이 내면으로 파고들어
떨고 있는 문풍지이다

갇혀있는 우리 안의 짐승처럼 익숙된 시간
몸을 덥히는 훈련을 한다

문이 열리면 새로운 날들에게 다가갈 준비를 한다
십이월은 잔뜩 들이마신 호흡을 내 뱉는 시간이다

소갈머리 없이
정제되지 않은 언어 토해냈던 것이
누구에게는 아픔이었을까

호수

너의 속내를 알 수 없어
바람 잡고 흔들리는 사초만 서걱거릴 뿐
빈 하늘 한 획 그으며 날아가는 새 날갯짓이 고즈넉한 곳
하늘과 산을 불러와
닮은 수채화 한 점 완성 시킨다

진흙 깊은 곳에서부터 들려오는 수초의 노래
못다한 이야기들 허공을 맴돌 때
갈대밭 노을이 들려주는 인생 이야기
사초들이 손짓하는 언덕 위에 차곡차곡 쌓인다

돌팔매에 찢겨나가는 수면 위로
옛 사연의 찌꺼기들 미련 없이 보내 본다

자맥질하던 물새 가족 낮은 음계로 노래하고
물고기들 수초 둥지로 줄행랑
주황빛 하늘 아래 혼자인 자리
빼곡히 박힌 별 그림자 순수를 투영해 보고
굴속 같은 그곳에 화려한 별밤이 낮게 깔릴 그곳

강가에서

창문에 부딪히는 로하스 길 따라
대청호가 알싸하게 끌어당긴다
청둥오리 쌍쌍이 물살 가르고
싹을 품어 안은 갯버들

얼었다 녹기를 반복했을 산 그림자
그늘진 햇살 끝이 곰살궂다
물그림자 더 환해지도록
피어오르는 물안개
하염없이 나를 휘감는다

덤불 사이 둥지 튼 콩새
술렁거리는 자작나무 숲
사그락사그락 갈대 속으로 스며드는 물안개
튤립나무 사이사이로 비춰주는
산허리 감도는 포근한 숨소리

시답잖은 부스러기들
이내 사라져 가고

눈썹 같은 낮달이
바람 타고 천천히 차오른다
뿌연 김이라도 오를 것처럼 조용하다

강은 마법이 풀리듯
봉인된 마음을 물들이며
강바람에 눈을 씻고
뭉텅, 잘려나간 푸른 기억을 찾는다

숲 속의 비

후두두 빗소리
푸릇한 잎사귀들 단물 삼키는 소리에
귀가 살가운 날
투명한 우산 쓰고 숲을 찾는다

생명의 원조
모태母胎의 안락함에 몸을 맡기면
자연의 심장 박동 소리 커져온다
너를 보기 위해
숲 속 운무 속으로 가는 발걸음 빨라진다

벌노랑이꽃 볼록한 입술이 사랑처럼 피어나고
통통 튀며 떨어지는 빗방울이 간지러워
까르르 웃고 있는 너

초록이 수다스러운 날
기쁜 영혼 날갯짓 하는 날
비꽃 방울방울 피어 오르면
잊고 있었던 감성의 꽃 한 다발 피어난다

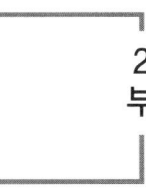

조각보

비 온 뒤

비 온 뒤 산에
누가 이 길을 내어 어느 발자국을 키우려 했을까
오랜 세월 길을 닦아온 흔적들이 보이는 듯
흠뻑 맞은 빗물에 초록 어깨 들썩거린다
자연이 주는 무언의 의미를 알기까지 오래 걸렸다
푸르게 살아다오
산에 계신 아버지의 말씀 들리는 듯

비 온 뒤 숲을 찾는다
질퍽한 흙이 발가락에 끼어 함께 간다
새들의 울음소리에 귀가 맑아오고 숲과 내가 통통해진다
나뭇잎에 매달려있는 빗물이 바람을 만나 흩어진다
보라꽃 물봉선화에 피어나는 얼굴
밝게 살아다오
온몸에 달라붙어 따라오시는 어머니 말씀 같다

그 여자의 정원

ABCD 알파벳을 익혀가던 시절
꽃봉오리 같은 배지를 달았어요
열매 맺으려 붉은 달을 만난 거죠
향기로운 기억을 베고
폭포수 같았던 그 여자
표표히 흐르며 나를 잊었나 봐요
늙어가는 것이 아니라 익어가는 거야
노랫말처럼 중얼거려요
몽환의 꿈같은 청춘이
툭! 떨어졌을 동백꽃
달콤한 꿈을 꾸기도 하고
깔깔대던 시간 끝에서
달에서 별까지 붉은 달빛이 고였지요
도란도란 꽃단장하던 한때가
아슴아슴 재촉하고요
까무룩, 한 달의 기억을 잃었어요
그런데도 불구하고
날아든 벌, 나비 앞질러간 흔적이 말을 걸어요
청춘을 잃은 게 아니야

생물학적인 거야

완경 파티라도 열어볼까

한지처럼 젖어들었을 그 여자가 발효되고 있어요

오랜 햇살과 싸한 공기를 안고

꽃을 밀어내며 입덧 같은 잎이 자라나요

불면을 뒤척이던 새벽이 정원을 열어요

꽃 진 정원을 바라보며 그 여자가 웃어요

창문 너머로 붉은 달빛은 사라지고

마른땅 촉촉한 수분을 머금고

씨앗 하나 숨어 있을 것 같은

그 여자가 걸어 나오고 있어요

별리

대롱대롱 매달려 있던 비엔나소시지 고양이에게 주었다
머리에 몸통 엮어 줄줄이 떠나보냈다

검은 천이 고양이의 몸을 둘둘 말아 중환자실로 들어갔다
얼마 후 실밥 타는 냄새가 났다
길을 잘 못 찾아간 이유였다

먼지 뒤집어쓴 단어들이 중얼거리며 나왔다
침묵하고 칩거했던 고양이가 서럽다고 울었다
모빌처럼 대롱거리는 단어들이 저 혼자 서럽게 흔들거렸지만
아무도 그 이야기를 들어주는 이 없었다

지워버린 이름 위에 소복이 쌓인 지우개똥이 왈츠를 추었다
딴딴 따 딴딴 따
딴딴 따 딴딴 따

사랑 한 줌

추억이
흰 눈 밟고
저 만치서 온다

그 모습 잊으려
눈 내리는 잿빛 하늘 길을 걸었다

선한 가슴 안고 예까지 왔지만
두 발자국 위로 쌓이는 애증
돌아갈 길을 지워버린다

바라보는 하늘
나를 키워낸 땅
축복의 길이다

속눈썹에 떨어지는 차디찬 결정체
사랑 한 줌
아직 그리움인가

마침표

마지막 수업 종소리
하차할 시간이 왔음을 알리는 소리였다
그 세월이 길었기에 아쉽고 허전했다

가방을 챙겨 집으로 돌아올 때
이니셜이 달려들어 눈물이 났다
낯익은 건물 빨간 벽돌은 더욱 선명한데
나는 멈칫멈칫 뒤 돌아 보고 있었다

오랫동안 끌어 안고 지냈던 너의 무게를 온전히 느끼며
이제 비워야 한다는 시간 앞에
고개 들었을 때
종소리는 하늘 위로 분해되어 사라지고 있었다

한동안 붙잡아 맨 시간 위를 줄 곳 걸어왔지만
언제나 시작은 유혹이며 끝은 목마름이었다
무너지고 일어나기를 반복하는 일도 큰 교훈이었다

흩어져 가는 것들 뇌리 속에 감금시키면서

그 몸통과 내가 한 몸 되어 옹골지게 열중했던 이야기들이 새
롭다

줄을 놓지 않기 위해 싸웠던 시간들
수만 개로 번식되어 쏟아져 나오는 알갱이들이 큰 자산이다
끝이 보이지 않았던 시작 앞에서 토해냈던 외 마디는
허투루 지나가지 않았다

엄마의 비늘

후~우 불면 금방이라도 날아갈 것 같다
잘 익은 복숭아빛 두 볼이 예뻤는데
쭉정이만 남았다
100년 가까이 지켜왔던 산언저리에
회색빛 구름이 몰려온다

깊은 골짜기에 둥지 튼 그녀는
자신의 깃털을 뽑는 일로 하루를 시작한다
새끼들은 그것을 주워 날개 옷 만들고
그녀가 흘린 땀방울 모아 진주 목걸이 엮는다

갈래갈래 놓인 길에서 방황할 때 그녀는 등불이었다
매운맛 삼키고 단 맛을 건네주었다

오랜 시간 부르트고 응어리진 세월은
고스란히 그의 몫으로 남아있다
은색 비늘은 세월에 찢겨 속살이 보이고
푸르던 그의 삶이 우수수 떨어진다

원점

당신 닮아 보려고 거울 바라보면서
눈 코 입 귀 비슷하게 그렸네
생각까지 닮으려고 나를 버려가며 그렸네

눈빛이 비슷했으며
고치고 고친 코도 닮아있었네
그러나 나는 알았네
나는 네가 될 수 없다는 것

이별이 키득거릴 때
욕심이 가져다준 성형이었다는 것
헛된 것들만 들리는 사랑이 되었네

고왔던 종이를 구겨 버렸던 어떤 날에
너와 잡은 손 놓으며 안녕했네

호숫가에 널브러진 너와의 흔적 바라보면서
둘은 하나로 닮을 수 없다는 것 다시 알게 되었네

빙의

사랑 고픔 움켜쥐고
허겁하여 길 나섰더니
닮은 꼴 거리거리에 많기도 하지

노랑나비 채송화에 쭈그리고 앉으면
꽃향기로
최면술에 두고
영원히 잠들게 하리
깨어나지 못하도록

나비는 꽃에게
꽃은 나비에게 빙의되어
눈먼 사랑
귀 먼 이야기
오래오래

품앗이

눈꽃 피어나는 날 엔
이름 석 자
그대 그리워하리라
형자의 길 일지라도

축복처럼 눈 내리는 날 엔
옹여매인 오랏줄 잘라
잠들지 않는 영혼
하얀 목 가슴으로 안아보리라

바람이 눈꽃 시샘하는 날엔
간절한 소망 기도하는
그의 마음 조준하리라
활화산 화약 장착하여

눈이 맑은 어느 시인은
사랑의 위선 끌어 안아
참회의 눈물 사연 지으리라
두 마음을 잇는
사랑의 품앗이로

어머니의 집

귀 밝고 총명하신 94세 어머니
가벼운 가방 하나 달랑 들고
귀와 입이 봉인된 채
눈 질끈 감고 이사 가신 뒤
98세 아기가 되셨다

선택의 여지없이
쭉정이 육신은 푸석해진 나이테 끌어안고
지붕이 뚫려 빈 하늘만 보이는 곳
자식이 장만해 준 슬픈 집으로 이사 가셨다

고아처럼 속울음 하실 어머니
비바람 몰아치는 허허벌판에 남겨지신 몸
춥고 배 고프실 어머니는 다 괜찮다 하신다

어머니의 어머니를 가슴으로 부르다
껄끄러운 삼베옷 입고 북풍에 오르실 때까지
당신으로 잉태된 생명들 위해
오늘도 기도하실 어머니
어머니

나무 연가

바람 불어 예쁜 꽃잎 떨어져 어디로 간다면
그 꽃잎 바라보는 난
어이 어이 할까요
보내긴 싫은데 떠나려 하네요

빗줄기 차가워 꽃잎이 싫다 떠난다고 하면
아서 아서요
토라져 가는 것은 아니겠지요
우리의 사랑 노래 여기서 끝인가요

어서어서 요기로 와
날 꼭 안아주세요
작별의 입맞춤해 주세요
내가 울면 당신도 분명 따라 울 거예요

잠시도 우린 떨어져 본 적 없지만
이젠 어디든 가려 하네요
입술이 파르르 떨려와요
얼굴을 가리고 안녕 안녕

조각보

장롱 속 깊이 간직한
기억의 저편에서 아련히 피고 있었다

조물조물 밥상을 차려
허기를 채워주시던 어머니
보일듯한 속내를 드러내는 꽃물은 아니었을까

한 땀 한 땀 갈무리한 무늬들
아기자기한 것이 살갑다
날줄과 씨줄의 조화가 곱게 이어진
손톱만 한 꽃잎
바늘귀 따라 까슬한 손끝이 맵다

나비를 기다리는 동안 꽃들은 피어나고
조각마다 새소리가 들리고
자그마한 채송화 돋아나는
자르고 접히고를 반복했을 겉과 안

완만하게 이어온

촘촘히 매달린 리본 한 가닥
누군가를 기다리는 눈길
몬드리안*의 그림보다 못할 게 없는 어머니의 손길
조각난 마음을 이어주고 있다
그렇게 조각보를 만드셨을까

* 피에트 몬드리안(1872~1944) : 네덜란드 출신의 화가로서 점, 선, 면만을 이용한 '차가운 추상'의 거장으로 꼽힘.

나의 어머니

고왔던
엄마 가슴
숯검정 태워놓고

이제는
내가 타네
이별이 가까워져

쭉정이
저녁 노을속
밀려가네 서럽게

풀잎

긴 허리를 가진 나는 풀잎입니다.
이 세상에
잠시만 있을게요
아주 잠시만요

따사로운 햇살
맑은 바람으로
내 곁에 있어줘요

한 생 살며
내 삶이 지쳐 힘들 때
당신은
감로수가 되어야 해요

때론 사랑에 목말라할 거예요
그럼
이슬이 되어 주세요

긴 머리를 가진 나는 풀입니다

풍경風磬 1

적막 위에 앉아 영혼을 울리는 소리
바람 대신 소리를 묶어
안으로 안으로 소용돌이치다 마음만 떠나는 소리

수정처럼 맑은 눈
하늘 강 타고 올라가는 흰나비
갈매 하늘 더듬어 오른다
낡은 생각 버리고
눈 내리는 저녁 훨훨 떠나보자
지상에서 멀어져 오직 너만을 바라볼 수 있게
그대 찾는 길 지치지 않게

기적처럼 네가 오면 댕그렁 울려주고
네가 말하려 할 때
내가 먼저 댕그렁 떠나보낸다

카시오페이아 별자리 향해 긴 여정
은빛 언어 뿌리며
잡힐 듯 잡히지 않게 이 밤의 끝을 향해 간다

네가 보고픈 날에

한 편의 詩가 되고픈 날에

천상에 꽃가루 흩뿌리면
온기의 두 손 꼬옥 마주 잡고
그리운 이야기로 오래도록 걷고 싶다

나는 너를 위한 기도
너는 나를 위한 기도
무아지경의 설원에서
한 편의 詩를 남기고 싶다

눈꽃 피는 엄동설한
시간이 정지되어도 좋은
잊히지 않는 겨울이고 싶다
아름다운 한 편의 詩로 남고 싶다.

일개미

차가운 공기와 먼 기억 사이에서 회색 도시가 어제처럼 서 있다
아스팔트 위를 바삐 오가는 모습에서 고단한 삶이 보인다
허리춤에 찬 공구들 챙긴 걸음이 바쁘다
냉정과 열정이 오간 저녁까지
구릿빛 얼굴에 땀방울 자욱이 버짐처럼 피었다
쉰내 나는 몸은 끈적거린 상념에 희비를 저울질하고
창문과 조명에 흐르는 휴식이 달콤하다
건드리면 진물이 주르륵 흐를 것 만 같아
그들의 인생이 곪아 터지지 않기를 바라는 마음 크다
두꺼운 테이프를 둘둘 감아둔 투박한 삶
당신의 어제 양말은 길게 늘어났고
오늘의 당신 양말은 큰 구멍이 뚫렸다
검게 그을린 얼굴에서 흘러내리는 땀방울
한낮의 뜨거운 열정이 냉정을 이야기하며 식힐 때는
굵어지는 손 마디마디에서 고단함을 기억하는 시간이다
한 여름의 쉰내는 작업복에 절어있고
그들은 그것을 보람으로 해석하고 있었다
지나온 세월이 굳은살로 남아있었다
그런 손들을 어루만져 준다

뚝심 있는 거친 손
굳은 신념으로 서러운 눈물방울을 쏟아낸 후 얻어낸 환희
손가락에 박힌 물집이 그들의 삶을 꽃피운다

국립현충원

"연평도 해군" 영화를 본 후

국립 현충원
잠든 영혼들 앞에 숙연해진다
고귀한 목숨 나라에 받치고 영면에 든 곳

오색의 조화만이 영혼을 달래주고 있다

어느 묘역 앞
검은 원피스 여인의 어깨가 들먹인다
차가워진 이름 석자 끌어안고
슬픔을 오랫동안 흘려보낸다

애처로운 검은 원피스의 여인
아픔 삭이는 저 모습
사자는 말이 없는데
전생에 못다 한 사랑 이야기 쏟아 놓는 여인

영혼들이여!
새가 되어 별이 되어 찾아오는
사랑의 발걸음 들으며 고이 잠드시길

3부

나목

캄파넬라 꽃

마음의 문을 활짝 열며
너 그리고 나
사랑하는 마음 모아지고 나니
이도록 아름다운 꽃이 된다네

많은 세월 기다려 왔어
난
네가 오는 날을
기다림 속에 살아온 것 참 다행이야

캄파넬라 꽃 같은 사람아
너는 나팔수야

아담한 몸매가 아름다워
따사로운 햇살 받고 서 있는 너는 나의 연인

난 너를 안아주는 초록의 잎
너는 한송이 캄파넬라로 태어난 나의 작은 연인
우리의 만남은 필연이었어

이불

애인이 찾아왔다

커튼을 내리고 너를 위한 자리끼도 준비한다
하루의 먼지 훌훌 털며 그의 품으로 비집고 들어간다
밤새도록 이야기 주절거리는 꽃무늬 정원이다

너의 품에서 나는 절반만 숨을 쉬고
나머지 반은 네가 쉬어준다
깊은 밤이면 헝클어진 머리카락 빗질 해 주는 너는 달맞이꽃
나를 둘둘 말아 안아주고 어르기도 한다

너의 품속은
넓이를 알 수 없고
깊이를 잴 수가 없는 바다
심해에서 허우적이며 잠꼬대한다

여명이 오면
너는 네모로
나는 너의 품을 떠나

참새 같은 하루를 산다
지구 저 편 이방인을 만나고 돌아올 때면
다시 너의 깊은 품으로 파고 들 것이다

장미화

초록 딛고 내민 빨간 부리들이 달콤하게 쪼아대는
태양이 넘쳐나는 오후
울타리마다 작은 공화국엔 폭죽 터진다

겨우내 뼈로 버티었다가
간절함이 담장 너머로 긴 손 뻗는다
다치지 않게
철담 틈새를 파고드는 앙칼진 손은
더 이상 잃지 않겠다는 따가운 전율이다

어제보다 오늘이, 내일이 더 환해지겠다는 몸부림이다

햇살 밀치고 나타난 바람 무동력 같던 장미 옆에 앉아
외롭지 않도록
익어가는 소리 들으며 토닥토닥 안아준다

너를 만나고 돌아오는 길 내내
빨간 카펫이 길게 깔려 있었다

명작

  가지산 석남사 올라가는 길 김장 배추밭을 배경으로 사철나무 꼭대기 이쪽과 저쪽 끝 가로로 휘어진 줄 하나 그어져 있다 그 아래 매달린 동그라미 하나, 집이 완성될 때까지 여러 바퀴를 돌았을 네 몸은 얼마만큼 으스러졌어야 했을까 그의 방적돌기는 거대한 섬유 공장이다 다리와 배의 미세한 움직임으로 아무도 침범하지 못할 자신만의 공간을 제 살 뽑아 그물을 촘촘하게 걸어 놓았다 앞서 간 이슬비에 젖은 동그라미 가로 세로줄 마디마디마다 방울방울 무게 걸어 놓고 있다 건축가는 찢어진 나뭇잎 한 장 덮고 중앙에서 바짝 엎드려 미동 없는 자세로 먹잇감 올 때까지 인내를 배운다 내 집에 들어오는 모든 것들을 끈끈한 실로 감아 버린다 약육강식이 지배하는 곳 어스름한 저녁이면 쉬고 있던 건축가는 뛰쳐나와 좋아하는 자리 찾아 집을 짓는다 바람이 동그라미를 흔들면 떨어질 듯 떨어지지 않는 작은 알갱이들이 잿빛 구름 사이 뚫고 나오는 햇살에 은빛 구슬이 무지개색으로 흔들린다

가죽

어둡고 긴 터널 지나
밝은 빛 아래 낯선 세상
기계소리 들리는 어느 공간에서 몸을 떨어야 했을 너

지우고 싶은 시간들 외면한 채
멋과 화려함으로 다시 태어난 너
먼 길을 돌아와
따듯한 체온에 밀착되어 새롭게 태어난 너의 숨소리 만지작 거린다

브랜드를 고집하는 여인의 손 끝을 뛰게 하고
염료 된 장신구를 소유하는 그들을 바라보면서
조명 밝은 진열대 위
투명한 유리 상자에 앉아 주인을 기다리는 곳

옹호하는 자와
비판하는 자가 공존하는 세상에서
보호와 사육받지 못한 삶을 살다 가는 너
짧은 생 동안 너는 무슨 생각하였을까

닳아 반질해질 때까지 너는 살아 있는 것이다

핑퐁이

그가 순식간에 내게 달려올 때
내가 살 수 있는 길은 그와 정면으로 마주치는 일이다

그의 몸무게는 2.5g 키는 40mm
조그만 것이 나의 동공을 무력하게 만든다

내 손바닥 안에서 튕겨나가
두 번 부딪히고도 살아서 다시 온다

그가 사는 집은 네모진 방 두 칸
똑딱똑딱 맑은 소리 연거푸 만들어 낸다

작고 하얀 몸이 낙하하면
탄성과 함께 절규한다

작지만 늘 청춘처럼 콩콩 튀었다

안경

너를 닦는 일은 나를 보기 위한 것 공들여 닦는 이유다
검은 곳은 더욱 까맣게, 밝은 곳은 투명하게 보기 위해서다

양손으로 내 코와 귀를 잡고 있는 렌즈 너머로
겹겹이 지난날의 파도가 밀려온다
거부할 수 없는 흔적들이 나이테처럼 쌓여 있다
지나간 것은 저만치 밀어 놓고
오늘도 새로운 것을 보기 위해 닦는 작업을 한다

초점 잃고 흔들리는 것들이 입까지 삐뚤어지다가 제자리로 온다
뿌연 안개는 입김 후우 불어 날려 보내고
눈이 헐거워지면 렌즈의 온도 올려 굴절된 선을 바로 잡는다

너 없이는 한 발짝도 나갈 수 없다
누구에게 의지한다는 것은 다행이며 슬픈 일
네가 넘어져 무릎이라도 깨질까 두 손으로 어르고 있다

오늘은 너와 먼 길 동행 할 일이 생겼다
옷 색깔 맞춰 너를 넣고 나선다

겨울산

거인은
청춘을 다 퍼주고 쭉정이가 되었다

머리칼은 산발한 채 잠꼬대만 눅눅하게 한다
몸을 또르르 말아 죽는시늉하고 있다
그렇게 한 계절을 품고 깊은 잠에 취해 있다

오래되지 않은 시간들이 바스락거리며
레미 드 구르몽의 낙엽이 푸르렀던 꿈들
퇴색한 이유를 저마다 몸으로 말 하면서
다시 찾아 올 봄을 위해 육중한 몸은 추억 안고 묻힌다

끈끈한 생명줄 안으로 끌어안고 뜨거운 피 동맥으로 흘려보낸다

봄, 꼬물거리는 둔탁한 몸짓과 긴 하품 뒤에
조무래기들 덩달아 기지개 켠다

수액 맞은 자리마다 생명들 실눈 뜨고
덩달아 다시 일어나는 거인
뒤척이는 등짝에 은빛 잔설이 드믄드믄 박혀 있다

음악 분수

어둠에 익숙되어 있던 나는
밤 여덟 시 되면 아끼던 새들을 날려 보낸다

먹물을 흩뿌려 놓고
밤공기 가르며 달려온 눈동자들 흡수하여 길들여진 새들을 열맞춰 세운다

연주자는
전주곡의 스위치를 켠다
음악의 장단과 고저에 따라 형형색색 날개가 움직인다
멜로디 안고 물 위를 흐느적거릴 땐 훌라 춤추는 가는 허리의 여인 같다

바닥을 치고 하늘 높이 전력 질주 하다가 자살하듯 고꾸라지며
갈래갈래 떨어져 흩어지는 액체의 자성自省
죽은 듯 살아있는
어디론가 도주 할 것 같은
하지만 나를 신앙처럼 믿고 의지했던 그들이다
경쾌한 음악이 흐르자 지친 하루 털고자 하는 사람들

관망하던 영혼들이 통통 튀기 시작하면서 웅성거림은 밤하늘을 탄다

물 소풍 마친 새들 하나 둘 둥지로 찾아들면 저수지는 깊은 침묵의 나라

은방울꽃

신의 손길이 다녀 갔는지
숲 속 깊은 곳에
앙증맞은 자태로 공들여 놓았네

숨이 멎을 듯한 신비스러움
바꿀 수 없는 무한 대비의 연속
요정들의 그곳엔
오월의 작은 종소리 들려오고
연미복에 롱부츠 병정들이 찾아드네

우윳빛 면사포 쓴 꼬마 신부
수줍은 아침 이슬처럼 또르르 매달고
함초롬이 땅만 바라보다
은은한 향기 안고 꿈 찾는 소녀가
님의 굵직한 숲 사잇길을 조곤조곤 걸어가네

신의 오묘한 손길은
고요속에 빛나는 절대적 신비라 부르고 싶네

무궁화

가볍게 짓누르는 무게의 중심에서도 흔들림 없던 네가
바람 불어 바스러지며 떠나갈 때가 되면
비단 보자기에 감싸 널 안고 토닥여 본다

너의 입술이 가냘프게 떨려 오면
종말이 올 거라는 생각
널 앉혀 놓고 지지 않을 향기로 남아 있기를 기도 했었지

충매를 치르고 쏟아낸 사랑에
깨어나지 못할 마취에도 흐뭇했었다
언제부턴가
나라꽃 이름으로 불려지며
가슴에 손을 얹고 경건해지는 모습에 익숙해졌지

둘러싸고 있던 사연들
어느 구석으로 밀려날 때도
더 이상 쿵쿵거릴 이유 없을 때까지
빈 화병 끌어안고 미끄러지며 떠날
너는 피노키오의 눈물을 아는지

비누

네 손을 잡는 순간
기다렸다는 듯
풍성하고 향기로운 거품들이 마술처럼 피어나
내게 와락 안긴다
흐뭇하게 널 뒤집어쓰고
미끄러지듯 애무하는 상쾌함이 하늘을 찌른다
하루를 투명하게 비우는 시간에 너와 매일 만난다
꽃동산에서
향기의 바다에서
하루의 찌꺼기인 허물이 둥둥 떠내려 갈 때
뽀얀 몸이 크게 웃는다
라벤더 향 뿜뿜 거리며
떠나는 것은 잊는 거라며
닳아서 작아지는 너

맨살이 반짝반짝 하얀 이를 드러낼 때
호탕하게 웃는 너

사루비아

태양을 향한 손끝이 매워질수록
아가씨 옷자락 끝이 더욱 붉게 물든다
한 무리 웅성거림 속내를 들여다보니
지난밤 취기가 덜 풀렸는지
퉁퉁 부은 벌건 눈알이 튀어나왔다
뜨거운 거품을 연신 토해내는 입술
약이 바짝 올라 있다
생명을 부지하기 위한 몸부림일까
한쪽 어깨가 잠들면 다른 한쪽 어깨가 깨어나
층층이 녹색 계단 밟고 내민 혀끝에 야무진 꿈
대지의 생명들이 뜨겁게 산화하여 사라질 때까지
더위 먹은 꽃잎 속에는 단물이 말랑하게 고인다
긴 그림자 저녁 불빛에 사그라들 때면
심장에 박힌 열정 식혀야 할 시간
붉은 별들의 밀어 속으로 들어가자
울렁임이 도란도란 꿈꾸는 작은 정원으로

영춘화

겨울을 버틴다는 건 즐거운 일이야
나를 쥐고 실험하는 동안 속으로 웃었어
거센 바람이 옆구리를 흔들 때
계절의 경계를 허물고 먼저 깨어난다

담벼락에 흥건하게 초유 쏟아놓고
약속 하고 떠났던 자리
제일 먼저 달려와 내 옆에 다소곳한 너
예전처럼 바르르 떨게 웃어 봐

겨울을 이겨내고 개선 장군 되어
봄을 부르는 저 노랫소리
잠꼬대하고 있는 생명들의 등을 두드린다

긴 줄기마다 여백 채우기 바쁘다
마디마디 햇살 담기 바쁘다
덜 마른 물줄기 후르르 털어낸
노란 얼굴에 입맞춤한다

후리지아

너와의 추억이 향기롭다

너는 잎도 없이 긴 목 내밀어 사랑했구나
가슴으로 사랑하는 노란 별이여
너의 밝은 얼굴이 오늘따라 무척 그리워

후리지아
얼마큼 다가가면 사랑 줄까
연약한 널 만질 수 없어
낭만이 모자라 곁에서 맴도는 나를 이해해

금빛 이슬이 맺히고
탄생석으로 다시 태어난 너
헌신적 애정으로 버무려 놓은 너
풀잎도 눈물 뚝 뚝 흘린다

후리지아 너

모빌

당차고 우아한 워킹을 꿈꾼다

주방에서 빵을 굽는 것과
아이들과 방과 후 허리가 휘도록 웃기도 하며
밥 짓고 청소하고 거품 샤워하는 꿈을 꾼다

차고 오르지도 못하고
꼿꼿이 서 있지도 못할 현실과 이상 사이
언제나 중간일 수밖에 없는 곳의 삶
네가 찾아올 때만 격하게 웃는 삶
빨간 립스틱은 지워지지 않도록 덧 바르고 있었다

너의 부드러운 품 내어줄 때면
햇살 퍼붓는 자드락길 찔레꽃 되다가
수면 위를 차고 오르는 반짝이는 비늘이다가
파란 하늘의 꽃구름이 되는 캠퍼스의 수채화가 완성된다

네가 들려주는 청량하고 맑은 소리에
詩 몇 행을 받아 적으며
하고 싶은 이야기가 많다는 것을 알게 되었다
한 권의 시집은 너의 생각이 되었다

강

홀로 외롭게 돌아가는 일은 없을 거라고
평화로운 고향에 안주할 거라는 말에
강물 위에 집을 지었습니다

나무 그늘에 앉아서도
그의 지나온 희로애락의 이야기는 끝이 없습니다
마주친 눈에서 수천개의 뜨거운 액체가 흘러
내 눈까지 촉촉하게 적셔옵니다

많은 이야기를 쏟아 놓은 뒤 강물이 더욱 따듯해졌습니다
나를 만난 이후로 더욱 여유롭고 너그러워졌습니다
나는 눈과 귀 한쪽씩 길 가는 나그네에게 나눠 주고
여유를 안고 갈 수 있습니다

강물 따라 걷는 것은
마지막으로 안주할 목표를 향해서입니다
강은 숙명으로 받아들일 참된 길이었습니다

액자

모난 방에
저를 닮은 새끼들이 흰 벽에서 알 깨어 매달려 있다

틀에서 웃고 있는 표정들이 핑크색이다
가족사진
바라볼 때마다 안녕을 기원한다

우웅~ 한 번의 드릴이 지나가면 바닥과 떨어져 중력으로 몸을 지탱한다
처음엔 끙끙 앓다가
서서히 벽과 한 몸이 되어간다
바닥을 동경해 보지만 하얀 벽을 떠날 수 없는 인연으로 이어진다

추억과 감정을 고스란히 담아 두 손으로 공손하게 떠 받치고 있다

삼단 화환이 안내하는 공간에 들어서면
추상화 몇 점이 발목을 잡는다

매의 눈으로 주시하고
진실을 알고 난 후 하트 하나 붙여 준다

네모의 모서리마다 몸값을 키우는 코드가 내장되어 있었다

태풍

초대받지 않은 손님이
이름표 달고 거드름 피우며 온다
사냥 매의 눈빛으로
날카로운 부리 끝이 빨갛게 달구어져 잔뜩 성나있다
연약한 먹잇감부터 하나하나 무너뜨린다

창백한 하늘이 파르르 떨리고
슬픈 짐승의 목젖이 마른침 삼킨다
숨을 몰아 쉬며 땅을 부여잡고 버틴다
절룩거리는 대지
소용돌이가 할퀴고 간 자리는 0이 되었다

그의 손목 발목을 잡을 수는 없는 걸까
찌르며 포효했던 시간들이 다 죽어 나자빠졌다
뒹굴고 뜯기어 생채기로 얼룩진 대지
왕왕거리는 신음 소리 여기저기서 들린다

소멸하고 다시 생성되는 반복 속에서
눈과 귀는 이들을 바라만 볼 수밖에 없었다

폭포

자연의 속살을 보는 듯 하다
늘 깨어 있는 너의 눈에서
진물이 흘러내릴 듯 쉼 없이 흘러내린다
꺾을 수 없는 고집으로
몸 던져 꿈 찾아 떠나는 길이 멀고 먼데
한 맺힌 듯
산산이 흩어지며 몸 던진다
먹물 같은 세상에 한 줄기 빛 안고
서늘한 외마디 소리로 덕칠하고
천 길 아래로 뛰어내린다
하얀 저 울림
강한 몸부림의 곧은 저 소리
순간의 죽음도 마다하지 않는 너
그것은 수 백년 동안 꿈을 향해 달려온 격한 속풀이었다

택배

운송장 주소의 인쇄물 냄새를 풍기며
초인종과 함께 아무렇게 앉아있다

던지지 마세요
칼로 뜯지 마세요
눈에 경고장 날리며
현관 안으로 훅 들어온다

오그라든 긴장 풀고
빠른 손놀림으로 그의 몸을 해체한다

스티로폼에 꽉 낀 몸
뽁뽁이로 몸을 말고
아이스팩으로 꽁꽁 얼린 것까지
지쳐있던 표정들을 보듬어 준다

쉽지 않은 삶에 쉽게 오는 것
그들과 공생 관계
몇 번의 클릭으로 만나는

도깨비바늘

목은 길게 빼고
주둥이는 뾰로통한 것이
사방팔방 뻗친 손과 눈초리가 예사롭지 않다

외면하는 것들을 쫓아 순식간에 달려드는 본능
뒷걸음치지만 어느새 한 몸 되어 버린다

여름 내내 몇 번의 천둥 번개 맞고 까칠해진 성질
솜털 같은 꽃 앞세워
가시를 키우고 있다는 것 몰랐다

향기도 아니고 끈끈한 정도 아닌 것이
그렁대며 집착하는 고집
너를 멀리하는 이유야

따갑게 하나씩 떼어내어
네가 있어야 할 흙으로 돌려보내 줄게

씨앗의 여행

코발트 바람 아름 안고
박주가리 홀씨
콧노래 퉁기며
랄랄라 어딜 가나

엄마 품 떠나
외로운 여행
고독 안고 떠나는 순백의 날개
꽁무니 빠지게 랄랄라

나뭇가지 사이를 뚫고
곡예하듯 떠나는
바람보다 가볍게
강물에 제 그림자 비춰보며 가네

어느 하늘 밑
홀씨 되어 머무는 자리
뿌리 길게 내려
훗날 보금자리 찾아 떠나네 랄랄라

미모사

영원히 가까이할 수 없음을 알았을 때
등 돌려 돌아 와야만 했어
삼인칭의 관계로 남아서
그리움이란 단어 안고 살아가야만 했지

오늘도
멀찌감치 쪼그려 앉아 널 바라보다
오금이 저려 주저 앉은 그 자리에 갈색 추억만 쌓이고
쌓인 추억만큼 나도 울고
너도 울고

만질 수 없고
가질 수 도 없는 너를 바라만 보다
옛 사연 주머니 깊이 마구 구겨 넣고 돌아왔어

너는 너대로
나는 나대로
같은 하늘 아래서 그리움만 안고 가야 할 운명

이후로 나는 시의 노래만 연신 부르며 살겠다고 했어

나목

초록이 가고 꽃도 덩달아 떠났다
꿈이었던 열매마저 툭! 툭! 떨어져 버렸다
낭만이었던 이파리 바람 부는 대로 뒹굴고
봄부터 우짖었던 새들 줄 것 없으니 아프다
이 쓸쓸함은 무얼까
찬바람 사정없이 몰아쳐 올 때
몸서리치도록 달라붙는 허허로운 고독
깊이 박힌 뿌리에서 우듬지까지
끓어오르는 정렬을 삭이며 간다
봄이면 피어나야 할 열정 얼어버리면 어쩌나
누구도 너를 위해 울어줄 눈물 한 방울 없을 것인데
얼굴에 부딪히는 싸늘한 고통 참아야 한다
흰 눈이 네 몸을 꽁꽁 덮어 오들오들 떨더라도
잘 견디어 주겠니 잘 참아 주겠니
냉정한 외로움까지 참아 주겠니
초록의 계절 오면
넌 다시 일어날 것을
우리는 잘 알고 있으니

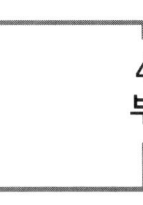

4부

매봉산 아래 톨미

친구 생각

눈 감으면
고운 너의 모습 생각나
눈 뜨면 저만치 달아나는 복사꽃 닮은 친구야

실버들 늘어진 개천 둑 걸으며
엄마 따라 이사 간다며 잊지 말자더니
소식 없이 지낸 세월이 수십 년

할머니 되어 전해 들은 너의 소식
부모 잃은 아이들의 엄마로 지내며
사랑 듬뿍 주고 하늘나라로 떠났다지

곱고 예쁜 너의 사진 바라보며
부디 그곳에서 아프지 말기를 기도했어

푸르른 5월의 햇살도 네 생각하다 지쳐
꾸벅꾸벅 졸고 있구나

환청으로 들려오는
또닥또닥 다듬이 외할머니 장단 소리
마음은 한걸음에 달려가 본다 고향으로

매봉산 아래 톨미

매의 날개는 아늑한 마을 하나를 품고 꿈꾸라고 재촉한다

외 할아버지댁 여닫이
문살 한지에는 빨강 노랑 국화 몇 잎 매일 웃고 있다
할아버지 굵은 힘줄 거친 손끝에서 싹 틔었다

마실 다녀오신 할머니 두 눈에 꽃물 잔뜩 담고 들어 오신다

옹기종기 모여있는 가가호호
지금도 고향엔 청솔가지 타다닥 타는 소리 있을까
사랑방 검게 그을린 장판위 담요 위에서 그림 놀이 하는 소리 웃는 소리

그때 그 시절 친구들 모두 사라졌어라

뉘 집 누렁이 간간히 짖어대는 오후
숨 고르는 할머니 입술에 냉기가 얼굴을 핥는다
찬서리 내린 빈 들이 쭉정이만 남았다

두건 쓰고 마실 오신 이웃집 아주머니 싸리문에서부터 수다스럽다

　콩댐 한 장판에 걸쭉한 갈색 웃음 내려놓고
　총각들 울렸던 말 많던 시집간 복실이 추억 길게 엮어 낸다
　질화로에 꽂혀있는 인두와 쇠젓가락이
　꽃무늬 천장 더듬으며 온화한 이야기 꽃 덩달아 피운다

　외양간 소 끼니 재촉하는 소리
　찬 세월 녹여줄 투박한 질화로 지금도 그 자리에 있을까
　황소바람이 슬쩍 꽁무니 뺀다

코고무신

시오리 길 종종걸음 다녀온 고무신 얼굴이 화끈거린다
싸리문이 열리면 할머니 목소리 마당 가득 채워지고
댓돌 위에 가지런하게 벗어 놓은 코 고무신
헐떡이며 남은 숨 고르고 있다

고무신 따라온 따끈한 성경 말씀과 찬송가
교회 다녀오신 할머니 얼굴에 달리아꽃 몇 송이 피었다

지푸라기 수세미에
잿물비누 묻힌 고무신 안에 회색빛 거품이 가득
따사로운 오후 햇살
할머니의 환한 얼굴만큼 눈 부시다

닳아서 미끄러질 듯 얇아진 흰 고무신
오뚝한 콧날은 할머니 성깔 닮았다

빨간색 상표 이름이 절반 남아 있는 그 좁은 곳에
저녁 노을 한가득 들어 앉아있다

하늘에서 할머니의 찬송가 소리 들려온다

초등학교 복도

익숙하지만 고개먼저 쏘~옥 내밀어 보고 간다 다른 닭들은 이미 모이를 쪼아 먹고 물 한번 마시고 하늘 한번 쳐다보는 연습들로 와자지껄했다 어느새 나도 그들과 익숙한 일상이 되었다 엉켜 붙었다가 풀릴 때면 노란 꽃 한 송이 피워냈다 풋내 나는 꽃들은 속이 덜 영글어 떼굴떼굴 웃고 다녔고 그의 몸통에서 뒷다리 앞다리가 조금씩 생겨나고 있었다 미끈덕 거리는 알들이 숨 죽이고 세상에 나올 채비 하는 모습들이 귀여웠다 나도 그들 틈에 끼어들어 흥건하게 젖어들었고 모든것이 서툴러 미끄러질 때면 애써 웃음을 터트렸다 수업시간이 되면 시작 종소리에 그 길이 싹둑 잘린다 물기는 마르고 조용해졌다 쥐새끼 한 마리 지나가지 않는 쓸쓸한 창고가 되었다 다시 쉬는 시간이 오면 그 길엔 뚜껑이 열리고 거센 물길이 쫘르르 밀려와 덩달아 서 있었다 이쪽과 저쪽의 물이 포도송이처럼 엉겨 붙어 넘실거리기 시작 했다 덜 자란 생각들이 익어가는 소리 경쾌하게 들렸다 필요한 교훈들은 그 길에 항상 깔려 있었다 그들도 깨질 때가 있었고 피가 흘렀으며 피가 멈춘 자리엔 우듬지의 교훈이 자리 잡고 있었다 시원하게 뚫린 그곳에는 성장할 수 있는 영양제 한 알씩 똑똑 떨어졌다

봉분 아래서

봉분 아래 고른 잔디밭
하루의 일세를 내고 나서부터 우리들의 사랑방이다

이칠이 십사
이팔이 십육
틀리면 웃음꽃 피워 주는
구구단 외우는 수학 시간이다

고구려 백제 신라 전쟁놀이하다가
삼국통일도 이루고
삼국유사 황산벌의 계백 장군 팔만대장경까지
흥미로운 역사 시간이다

배꼽 시간 알려오면
숲 속의 열매껍질 벗겨
쌉싸래한 혀끝이 웃음보 터트리는
너도 한입 나도 한입 간식 시간이다

강물을 배경으로

초록으로 무장한 채 두 팔 벌린 경건한 유월이 오면
너와의 외침 흥건했던 시간 찾아 떠나 보는 날

우리 살아 있는 동안 다시 만나 겅중겅중 그곳에 또 갈 수 있을까

계절이 지난 자리

할 일 다한 허수아비
들 바람에 찢겨진 옷 팽개치고 떠난 자리
긴 막대 하나 혼자 서있다

허물 벗은 뱀처럼 논두렁 속은 텅 비어있고
농부의 발자국도 쓸쓸함이 고여 왕왕거린다
바빴던 그 자리에 모두 떠나고
물기 사라진 억새 서걱거릴 때
흘린 땀 뒤에 오는 것은 허무일까 안식일까

무서리 내린 늦가을
붉은 열매 고개 떨구고
화려함은 태초에 일어나지 않았다는 변명으로
가을 색으로 누워있는 풀잎들
절기가 지나는 동안 한 뼘씩 짧아진 햇살이 뒷걸음질 친다

마을이 추워서 오돌거리는 밤
부엉이 소리
창호지 문틈새 비집고 나오는 할아버지의 잔기침 소리
석유 등잔불 끄덕끄덕 졸면
솜이불 속에서 한 계절 잠재울 채비에 들어간다

초록의 꿈

1세기를 달려왔다
별처럼 초롱한 눈동자들 꿈의 나래 펴는 그 곳
연필 꽉 쥔 고사리 손가락의 순수한 영혼들
꿈을 먹는 초록의 친구들을 응원한다

등굣길에 뜀박질로 달려온 교정
새들이 노래하고 야생화 피어있는 길
소낙비 내리면 바짓가랑이 황톳빛으로 간다
비바람 눈보라 치면 코와 볼이 빨갛게 달려간다

분필가루 마시며 세상의 빛이 돼라 하시던 선생님
그 말씀들 육 년 동안 꾹꾹 가방에 눌러 담아
그 사랑 붉은 피 되어 세상의 소금 되었지
순수와 끼로 뭉쳤던 그때 그 눈빛들, 흑백의 그리움이다

교실과 운동장이 헐렁해진 현실
후배들에게 세상이라는 바다에서 힘차게 헤엄 칠 수 있도록
뿌리 깊은 나무로 살아갈 수 있도록
백 년을 더 달려갈 수 있도록 손 잡아 주자

앵두

빨간 베레모에
꽉 낀 청바지
뽀~ 하고 내민 애교스러운 입술
오늘 내 모습 어떤가요

왠지 좋은 소식 있을 것만 같아
빨간 스쿠터 타고 휘리릭
동네 한 바퀴 돌다 올까요

백미러엔
싱그러운 논밭이 지나가고
담벼락에 기댄 접시꽃도 지나 가고
낮잠 즐기던 고양이 눈 흘기고 지나가고

궁금했던 널 찾아
6월 햇살 앞장 세워
부릉부릉
우체부 아저씨처럼 찾아왔어요

뒤웅박

서까래 잡고 매달려서 동글동글 웃는다
바람 불면 공중 곡예로
허공의 맛을 제대로 느낀다

철저하게 무장된 꿈들이 달복거리는 곳
속살이 말랑거려
꿈꾸는 습도에 안성맞춤이다
바빠지는 농부 걸음 소리에
발아發芽 할 채비에 긴장한다

꿈을 잉태하기 위한 세월 동안
뒤웅박속 씨앗들은 한 겨울을 단단히 버티며
어둡고 뽀송한 곳에서 비밀스럽게 꿈꾼다
까실한 농부의 손길 기다리길 반년
뛰어내릴 준비하는 작은 알갱이들
봄 햇살에 쪼르르 걸어 나온다

헛간 짚더미 위 수다는 사라지고
햇살 마중 받고 푸시시한 흙냄새에 코 박고 자란다

| 해설 |

삶을 의미 있게 하는 언어를 찾아서
- 고월예 첫시집 『그 여자의 정원』에 대하여

양애경 시인, 전 한국영상대 교수

    고월예 시인의 첫시집을 읽으면서 '시를 쓴다는 것'의 의미를 다시금 생각해보게 되었다. 할 것도 즐길 것도 많은 이 시대에 그녀는 남들보다 조금 늦게 시에 입문하여, 그러나 누구보다 치열하게 언어의 수련 과정을 거쳐왔다. 남 보기에 부러울 것 없어 보이는 중산층 여성의 삶을 살아온 그녀가 대학의 평생교육원을 거쳐 여러 시 모임 활동에 참여하고 대학원에서 시창작으로 석사학위를 받기까지, 왜 이렇게 시를 위한 긴 여정을 걸어왔을까. 수련의 결과로 그녀가 얻은 결실은 무엇일까. 아마도 이 글은 한 사람이 시를 통해 찾아낸 삶의 의미에 대한 기록이 될 듯하다.

    고월예 시인은 2017년에 최원규 선생의 추천과 박동규 선생의 선정을 받아 심상 신인상 당선으로 시단에 나왔다. 데뷔작은

「강가에서」,「조각보」,「그 여자의 정원」의 3편인데, 이 작품들은 고월예 특유의 섬세한 여성적 특질을 보여준다. 각개의 작품에 대해서는 앞으로 나올 부분에서 다시 다루려 한다.

1. 시의 출발 : 일상을 깨뜨리고 나오기

데미안이 알을 깨고 나오듯, 누에고치를 뚫고 나온 나비가 날개를 펼치듯, 시인도 탈피를 꿈꾸었다. 고월예 시인은 어떻게 일상의 틀을 깨고 새로운 의미를 찾아 나서게 되었을까. 이야기는 여기에서부터 시작해야 할 것 같다.

시「독한 고독」에서 그녀는 기다림과 권태의 연속인 일상을 토로한다.

> 내가 곁에 없을 때도
> 시계 초침은 말캉거리며 돌았다
>
> 베란다 빨래가 저 혼자 오후를 털고
> 안시리움 꽃이 몇 달 동안 나와 눈을 맞췄다
>
> 앰뷸런스 아프게 달려가는 소리에
> 동네 E 종합병원이 연녹색으로 그려진다
>
> 햇살이 눈부신 날엔 사슴 닮은 소녀가 꼭 찾아온다
>
> 옛 친구의 전화번호에서 곰팡이가 폈지만
> 냄새나게 두었다

개미의 페로몬을 흩트려 놓았던 하루
독한 고독을 두 손으로 쪼물딱거리는데
스팸 전화 숨 가쁘게 달려와 나의 소중한 페로몬을 흩트려 놓는다

원숭이 엉덩이는 빨개, 빨개는 사과, 맛있어는 바나나, 기차, 비행기 까지…
저녁밥 지을 시간이 되자
상념들이 시나브로 썰물 되었다

-「독한 고독」전문

  아마도 이 시 속의 여인은 주부인 것 같다. 직장인의 삶도 크게 다르지는 않겠지만, 가사노동은 특히 반복적이다. 하루종일 일해도 표시 나지 않는 일이고 잠깐이라도 멈추면 엉망이 된다. 해도 표나지 않지만 안하면 크게 표나는 일이라 할까. 남편과 아이들을 뒷바라지해서 바깥세상으로 보내놓고 평소 하는 가사노동을 마치면, 아내는 마치 이 시 속의 안시리움 화분처럼 늘 같은 자리에 앉아서 가족을 기다리게 된다. 앉아있는 사이 가끔 바깥에서 급하게 달리는 앰뷸런스 소리가 들리고, 오는 전화도 없고 전화를 걸지도 않는다. 어쩌다 걸려오는 것은 스팸전화뿐이다. 세상과의 단절이라 할까. 머리 속에는 온갖 상념이 떠오른다. 그 상념들은 꼬리에 꼬리를 물고 이어진다. '원숭이 엉덩이는 빨개, 빨개는 사과, 맛있어는 바나나, 기차, 비행기…'. 그러나 이 온갖 상념은 저녁 지을 시간이 되었다는 것을 알아차리는 순간 '시나브로 썰물'이 되어 사라지고 만다. 여인은 기계적으로 저녁 준비를 위해 일어선다. 마치 가사노동을 하는 백색가전 같다는 생각

이 들 수도 있을 것 같다. 가족의 행복과 건강을 위해서 꼭 필요한 가사노동이, 때로는 주부에게 삶의 의미가 흐려지고 고독과 권태를 느끼게 하는 원인이 되기도 한다.

여인은 반복적인 일상에서 벗어나 원래의 자신을 되찾으려는 충동을 느낀다. 자유로웠던 나, 나다운 나로 돌아가려는 것은 누구에게나 절실한 꿈이다. 그러한 충동을 느낄 때 사람들이 쉽게 택하는 것은 여행이다. 지금 있는 이 자리와 멀수록, 이국적이고 낯선 풍경일수록 더 좋다.

끈이 몸을 비틀어지도록 조였다
그럴 때마다 파랗게 질렸다
표정이 안쓰럽지만 외면한 채 떠난다

설렘이 긴장을 덮어 주기에 충분했다

먹던 간식 밀어 넣고
마주하던 사람들 접어 둔 채
내 발자국 밟지 못하게 지우며 간다

낯선 곳을 만날 때마다 점퍼 깃이 곤두선다
자연이라는 순수의 민낯에 나를 투영해 보고
흘려보내는 방향 따라 산과 바다, 풍광의 흐름에 몸을 맡기며 간다

걸터앉아 숨 고르기 하는 곳엔 햇살이 늘 따라와 있었다

주머니를 뒤진다
퇴색된 것, 치유된 조각까지

묵은 부스러기들을 모두 털어버린다
버릴 때마다 상쾌한 바람 하나씩 불어왔다

낯선 곳에서 버리고 채우며 진정한 얼굴을 찾았다

운동화 끈이 느슨해지면 다시 조이는 시간을 가질 것이다
―「여행」 전문

 떠나는 것은 용기를 필요로 한다. 미리 정해진 가족여행이나 모임여행이 아니고, 온전히 나를 위해 결정하고 혼자 떠나는 여행이라면 더욱 그렇다. 이 시에서 여행을 떠나는 여자는 자신의 몸을 넝쿨처럼 얽어매는 여러 가지의 속박을 느낀다. 배려하는 삶에 익숙한 여자는 자신만을 위해 잠깐 떠나는 일에서도 죄책감을 느낀다. 이 사람도 맘에 걸리고 저 사람도 맘에 걸린다. 이 일도 다 못했고 저 일도 걱정스럽다. 그렇지만 '설렘이 긴장을 덮어 주기에 충분'해서 떠났고, '내 발자국 밟지 못하게 지우며 간다'는 말이 일상에서 벗어나고자 하는 굳은 의지를 보여준다. 아는 사람 아무도 없는 곳에 간다는 것, 익명성이 그녀에게 자유를 준다. 그렇게 시 말미에서 그녀는 '낯선 곳에서 버리고 채우며 진정한 얼굴을 찾았다'고 고백한다.
 그러나, 여행은 일시적인 기분전환 이상이 되기 어렵다. 뭔가 삶의 근본적인 변화를 절실하게 바라게 되었을 때, 고월에 시인은 詩를 붙들게 된 것이 아닐까. 자신의 속마음을 언어로 정교하게 다루어 표출하는 것, 시쓰기는 자기 치유治癒의 가장 좋은 방

법 중 하나다.

  그렇다고 해서 시쓰기가 어디 쉬운가. 노벨상 탄 문호도 한 줄 쓸 때마다 진땀이 나는 것이 글쓰기가 아니던가. 시「언어 상자」에서 그 고민이 느껴진다.

> 대접받는 것에 길들여진 너를 만나면 두 손이 모아진다
> 고민을 정성껏 해야 하고
> 크고 작은 것과 상관없이 너는 늘 진한 감동을 요구한다
>
> 생각을 넣어주면 감정을 키워주고
> 매끄럽지 않으면 투정 부리며
> 입맛은 잡식성이면서 걸식증이라서 늘 고파한다
> 어색할 땐 입말로 써 달라고 한다
> ―「언어 상자」 중에서

  시 속 화자는 고민을 하면서도 명랑한데, 읽다 보면 쿡, 웃음이 난다. 창작교실에서 겪는 수강생들의 불만이 아마 이런 것일 듯해서다. '가볍지 않은 주제의식과 감동이 필요. 이지적이어야 하지만 동시에 감성적이어야 함. 다양한 이미지와 어휘를 사용할 것. 문어체도 쓰지만 때로 가벼운 구어체가 더 좋음. 대체 어떻게 쓰란 말인가?' 원래 좋은 시를 쓴다는 것은 이렇게 양가적兩價的인 주문을 받는 일이다. 쉽지 않다.

  「어려운 시」에서는 시를 쓰며 얻은 성취감과 기대감을 잘 느낄 수 있다.

가슴으로 안기까지 시간이 걸렸다
　　요리조리 피해 다니며 잡히지 않는 것
　　왜 내게 왔는지 그의 어깨를 힘껏 쳐 보았다

　　우주의 일부분
　　색깔과 냄새로 만져지기까지 오래 걸렸다
　　그는 걸음이 꽤나 느렸다
　　짧은 손짓 한 번으로 떠나가기도 한다

　　행과 연의 빠른 호흡
　　획의 팔딱거리는 소리가 참붕어 같다
　　슬픈 시는 두통을 동반하더니
　　어제보다 한 뼘 통통해졌다

　　회색 하늘 너머에서 기웃거리는 너
　　밝은 얼굴을 기다리면 된다
　　더디게 오는 너는
　　또각또각 하이힐 신고 올 것이다
　　　　　　　　　　　　　　－「어려운 시」 전문

　잡힐 듯 잡힐 듯 잡히지 않는 좋은 시. 시인의 고심이 느껴진다. 왜 하필 내게 와서 이렇게 마음고생을 시키는지, 조금 원망스럽기까지 하다. 그렇지만 고월예 시인이 생각하기에 시는 '우주의 일부분'이며, '색깔과 냄새로 만져'져서 최상의 기쁨을 주기도 한다. 이제 수련을 통해 시의 비밀을 많이 알게 된 고월예 시인은 자신의 시가, 다소 더디지만, '또박또박 하이힐 신고' 당당하게 올 것이라고 믿는다. 이 시에서 고월예 시인이 시에 대해 품고 있는 존중과 성취감, 그리고 기대감을 잘 느낄 수 있다.

시 「찻집의 노래」에서, 시인이 시를 다루는 태도와 시가 시인에게 해주고 있는 일을 엿볼 수 있었다.

눈이 많이 내려 겨울을 만나러 갔습니다

언덕 위 크고 작은 창문들이 강물을 모으고 있었습니다
예전의 그 모습처럼
여전히 하얗고 수북한 정이 쌓여 있었습니다
겨울은 그렇게 고요한 모습으로 기다리고 있었고
생각은 무엇인가를 만지작거리기 시작하였습니다

옛 노래가 구석에서 시작되어
천장을 치고 현관을 나가 강물에 뛰어들 때마다 외마디 소리가 들렸습니다
장난감 병정 같은 이야기는 세월 속에 녹아내리고 있었습니다

탁상공론으로 그치고 말
우리는 똑같은 유전자로 살아갈 이유밖에 없던 날들이었습니다
빛바랜 그림 속 마음의 벽화로 굳어져
아무렇게 내팽개쳐질 먼 훗날을 보았습니다
고개 들어 하늘 높은 바람 소리 듣습니다
―「찻집의 노래」 전문

데뷔작 중 하나인 「강가에서」는 대청호를 배경으로 했는데, 그와 비슷한 장소인 듯하다. 계절은 겨울, 시인은 찻집에 있다. 많은 창문으로 강이 내다보인다. 겨울의 강은 흰 눈을 품고 조용

한 풍경이지만, 시인의 마음은 잔잔하지만은 않다. '옛 노래가 구석에서 시작되어 / 천장을 치고 현관을 나가 강물에 뛰어들 때마다 외마디 소리가 들린다'는 구절에서 착잡한 마음이 읽힌다. 그리움, 갈등, 미래의 불안이 함께 느껴지는 상황에서 그녀는 '고개 들어 하늘 높은 바람 소리를 듣는다'고 노래한다. 사랑이 온전한 사랑만이 아니고 미움이 온전한 미움만이 아니라는 생각, 미래가 불안할지라도 오늘은 희망을 가지고 하늘을 바라본다는 의지가 살풋 느껴지는 시다. 시 속에서, 진정한 어른이 된 여인이 느껴진다.

2. 과거로의 여행을 통한 자아自我 찾기

고월예 시인의 시에서는 현재의 사는 모습이 잘 드러나지 않는다. 가족의 면면이나 사적私的인 생활 모습이 작품에 그대로 드러나는 시인들이 있는데- 필자가 바로 그런 사람이다-, 고월예 시인의 시의 경우에는 그런 것들이 잘 읽히지 않는다. 대신에 어린 시절 살았던 고향과 할머니, 부모님에 대한 이야기가 여러 편 있다. 아마도 고월예 시인에게 시가 '현실에서 떠난 그리운 무엇'을 기록하는 수단이기 때문이 아닐까 짐작해 본다.

시 「매봉산 아래 톨미」는 시인에게 고향과 같은 그리운 장소, 외할아버지댁에 대해 노래했다.

매의 날개는 아늑한 마을 하나를 품고 꿈꾸라고 재촉한다

외할아버지댁 여닫이
문살 한지에는 빨강, 노랑 국화 몇 잎 매일 웃고 있다
할아버지 굵은 힘줄 거친 손끝에서 싹 틔웠다

마실 다녀오신 할머니 두 눈에 꽃물 잔뜩 담고 들어 오신다

옹기종기 모여있는 가가호호
지금도 고향엔 청솔가지 타다닥 타는 소리 있을까
사랑방 검게 그을린 장판 위 담요 위에서 그림 놀이 하는 소리, 웃는 소리

그때 그 시절 친구들 모두 사라졌어라....

뉘 집 누렁이 간간히 짖어대는 오후
숨 고르는 할머니 입술에 냉기가 얼굴을 핥는다
찬서리 내린 빈 들이 쭉정이만 남았다
 －「매봉산 아래 톨미」중에서

이 시에는 매가 감싸안은 아늑한 품같은 산 아래 동네가 나온다. 아직 젊으신 외할아버지가 한지에 꽃잎을 넣어 문살을 바른 집이 있고, 마실 갔다 돌아오시는 외할머니의 상기된 얼굴이 있다. 사랑방에 모여 화투를 치는 사람들의 즐거운 웅성거림이 있고, 부엌에서 청솔가지 타다닥 타는 소리가 들려온다. 하지만 이제 찬 서리가 내린 들에는 사람이 보이지 않고, 거두어들인 곡식 대신 쭉정이만 남았다고 회고한다. 할머니의 얼굴에는 꽃물 대신 냉기가 흐른다. 과거와 현재의 대비에 안타까움이 묻어난다.

시「코고무신」도 같은 장소를 배경으로 하고 있다. 시 속 화자

는 그리운 외할머니댁에 와 있다. 외할머니는 교회에 가시느라 외출하셨다가 돌아오신다.

> 시오리 길 종종걸음 다녀온 고무신 얼굴이 화끈거린다
> 싸리문이 열리면 할머니 목소리 마당 가득 채워지고
> 댓돌 위에 가지런하게 벗어 놓은 코고무신
> 헐떡이며 남은 숨 고르고 있다
>
> 고무신 따라온 따끈한 성경 말씀과 찬송가
> 교회 다녀오신 할머니 얼굴에 달리아꽃 몇 송이 피었다
>
> 지푸라기 수세미에
> 잿물비누 묻힌 고무신 안에 회색빛 거품이 가득
> 따사로운 오후 햇살
> 할머니의 환한 얼굴만큼 눈부시다
>
> 닳아서 미끄러질 듯 얇아진 흰 고무신
> 오뚝한 콧날은 할머니 성깔 닮았다
>
> 빨간색 상표 이름이 절반 남아 있는 그 좁은 곳에
> 저녁노을 한가득 들어앉아 있다
>
> 하늘에서 할머니의 찬송가 소리 들려온다
> ―「코고무신」 전문

아름다운 작품이다. 이미지가 생생하고 시인의 감정도 손에 잡힐 듯 생생하게 전해온다. 교회 다녀오시는 외할머니를 기다리고 있노라면, 시오리 길을 걸어오신 외할머니의 활기찬 목소

리가 들리고, 외손녀를 만난 반가움에 달리아꽃처럼 피어나는 표정이 보인다. 그 외할머니의 활기를 외할머니가 신으셨던 코고무신에 담아 표현하다니, 요즘 아이들 말로, 신박하다. 지푸라기에 비누를 묻혀 빡빡 문질러 닦던 하얀 고무신에 대한 추억이 함께 떠올라서 다정하다. 뾰족한 코고무신은 할머니의 오똑한 콧날과 도도한 성품을 닮았다. 아마, 외손녀에게도 그 기품 있는 성품을 물려주셨으리라. 그런데 시 말미에 가면 외할머님은 안 계시다. 코고무신만 남았다. 외할머님은 천국에 가셨고, 외손녀는 할머니의 찬송가 소리를 추억한다.

   시 「봉분 아래서」와 「친구 생각」은 고향 친구에 대한 추억이다. 「봉분 아래서」는 아마 조상에 관한 내용이려니 제목을 보고 짐작했지만, 의외로 무덤가에서 소풍 간 듯 친구들과 놀던 추억을 담았다.

      봉분 아래 고른 잔디밭
      하루의 일세를 내고 나서부터 우리들의 사랑방이다

      이칠이 십사
      이팔이 십육
      틀리면 웃음꽃 피워 주는
      구구단 외우는 수학 시간이다
      고구려 백제 신라 전쟁놀이하다가
      삼국통일도 이루고
      삼국유사 황산벌의 계백 장군 팔만대장경까지
      흥미로운 역사 시간이다

배꼽 시간 알려오면
숲속의 열매껍질 벗겨
쌉싸래한 혀끝이 웃음보 터트리는
너도 한입 나도 한입 간식 시간이다

강물을 배경으로
초록으로 무장한 채 두 팔 벌린 경건한 유월이 오면
너와의 외침 홍건했던 시간 찾아 떠나보는 날

우리 살아 있는 동안 다시 만나 경중경중 그곳에 또 갈 수 있을까
―「봉분 아래서」 전문

누군가 무덤을 정성스레 잔디로 가꾸어 놓은 덕분에, 봉분은 아이들의 놀이터가 되었다. 어쩌면 그곳은 이름을 잃어버린 어느 왕의 무덤이었는지도 모른다. 아이들은 구구단 외우기 시합을 하기도 하고, 전쟁놀이를 하기도 하고, 숲속 열매를 주워서 간식으로 삼기도 한다. 즐거운 회고 끝에 그녀는 묻는다. '우리 살아 있는 동안 다시 만나 경중경중 그곳에 또 갈 수 있을까'라고. 갑자기 어른이 되어버린 목소리가 슬프게 느껴진다.

시「친구 생각」에서는 그 고향 친구들 중 하나가 세상 떠났다는 소식을 듣는다. 떠오르는 친구의 모습은 헤어질 때 모습 그대로 복사꽃 같은데, 떠난 친구도 시인도 이제는 할머니가 되어 있다.

시「조각보」는 어머니에 대한 시다. 고월예 시인의 데뷔작 3편 중 하나인 이 작품은 시인이 가진 아름다움에 대한 감각의 원천

을 엿보게 한다. 그녀는 지금 어머니가 만들어주신 조각보를 들여다보고 있다.

> 나비를 기다리는 동안 꽃들은 피어나고
> 조각마다 새소리가 들리고
> 자그마한 채송화 돋아나는
> 자르고 접히고를 반복했을 겉과 안
>
> —「조각보」 중에서

색색의 옷감을 같은 크기의 네모로 자르고, 그 안에 다시 꽃과 나비를 한 땀 한 땀 수놓아, 그 조각들을 조화롭게 다시 이어붙여 하나의 상보로 만든 것이 조각보이다. 그야말로 정성의 결집이다. 시인은 면의 연결이란 점에서 공통점을 발견하고, 조각보에서 몬드리안을 연상한다. 하지만 어머니의 조각보는 몬드리안의 작품보다 아름답다고도 생각한다. 어머니는 그 섬세한 손길로 가족의 조각난 마음을 한데 모아 붙여 주셨기 때문이다.

그 어머니도 나이 드셔서 헤어지게 되었다.「나의 어머니」와「어머니의 집」은 어머니와의 이별을 노래한다.

> 고왔던
> 엄마 가슴
> 숯검정 태워놓고
>
> 이제는
> 내가 타네
> 이별이 가까워져

쭉정이
　　저녁 노을 속
　　밀려가네 서럽게
　　　　　　　　　　　　　　　　—「나의 어머니」 전문

　말은 적지만 하고 싶은 말은 무한히 많은 것 같은 시다. 젊은 시절 무엇을 잘못했는지 엄마의 가슴을 숯검정처럼 태웠던 딸. 이제는 딸의 마음이 타들어간다. 엄마와의 이별이 가까워진 것을 알았기 때문이다. 음악적이면서 공감력이 강한 시이다.
　시 「어머니의 집」은 더 슬프다. 이제는 어머니를 잡을 수도 없게 되었기 때문이다.

　　귀 밝고 총명하신 94세 어머니
　　가벼운 가방 하나 달랑 들고
　　귀와 입이 봉인된 채
　　눈 질끈 감고 이사 가신 뒤
　　98세 아기가 되셨다

　　선택의 여지 없이
　　쭉정이 육신은 푸석해진 나이테 끌어안고
　　지붕이 뚫려 빈 하늘만 보이는 곳
　　자식이 장만해 준 슬픈 집으로 이사 가셨다
　　　　　　　　　　　　　　　—「어머니의 집」 중에서

　자식이 해드릴 수 있는 게, 어머니의 요양원을, 어머니의 무덤을 장만해드리는 일밖에 안 남았을 때 느끼는 가슴 무너지는 느낌을 여기서 함께 느낀다. '자식이 장만해 준 슬픈 집'이라는 구절에서 필자도 눈물이 났다. 아마 시인은 더 많이 울었으리라.
 시인이 돌아본 과거에 대한 회귀는 고월예 시인의 시적인 원천이 되었다고 생각한다. 고향의 외할아버지댁, 외할머니의 발그레한 얼굴과 코고무신, 고향친구들과 행복했던 시절, 어머니가 주신 사랑과 이별…. 이것들은 시인이 시를 통해 가장 표현하고 싶었던 행복하고 조화로웠던 시절을 상징한다. 그리고 그 안에서, 세상에 적응하느라 희미해진 자신의 자아를 회복하는 것이다.

3. 시의 표현적 특성- 탄력, 발랄한 이미지들

 고월예의 시의 표현의 특징은 발랄하고 탄력 있는 이미지의 사용이다. 사계절의 자연을 표현한 시편들 속에서 그녀 특유의 감각적 이미지들을 볼 수 있었다. 예를 들어, 늦봄의 활기를 표현한 「앵두」, 초여름의 장미를 묘사한 「장미화」, 가을의 단풍잎을 그린 「어떤 동거」, 겨울의 생명력을 보여준 「겨울 산」 같은 작품들이 그것이다.
 시 「앵두」는 빨갛고 터질 듯한 탄력을 가진 앵두의 모습에 1970~80년대의 젊은 여성의 패션과 이미지를 입혔다.

 빨간 베레모에
 꽉 낀 청바지
 뽀~하고 내민 애교스러운 입술

오늘 내 모습 어떤가요

왠지 좋은 소식 있을 것만 같아
빨간 스쿠터 타고 휘리릭
동네 한 바퀴 돌다 올까요

백미러엔
싱그러운 논밭이 지나가고
담벼락에 기댄 접시꽃도 지나가고
낮잠 즐기던 고양이 눈 흘기고 지나가고

궁금했던 널 찾아
6월 햇살 앞장세워
부릉부릉
우체부 아저씨처럼 찾아왔어요

― 「앵두」 전문

 빨간색 베레모, 빨간 스쿠터, 꽉 끼는 청바지와 당돌하게 내민 입술이 앵두의 이미지에 겹친다. 6월의 햇살과 6월의 싱그러운 논밭, 접시꽃과 고양이, 지나가는 스쿠터의 속도가 청춘의 활기와 잘 어울린다. 톡톡 튀는 감각이다.
 「장미화」는 담장에 만개한 덩굴장미의 이미지를 표현했다.

초록 딛고 내민 빨간 부리들이 달콤하게 쪼아대는
태양이 넘쳐나는 오후
울타리마다 작은 공화국엔 폭죽 터진다

겨우내 뼈로 버티었다가

간절함이 담장 너머로 긴 손 뻗는다
　　다치지 않게
　　철담 틈새를 파고드는 앙칼진 손은
　　더 이상 잃지 않겠다는 따가운 전율이다

　　어제보다 오늘이, 내일이 더 환해지겠다는 몸부림이다
　　　　　　　　　　　　　　　　　　－「장미화」중에서

　장미꽃이 빨간 폭죽 터지듯 만개했지만 시인은 평화로운 풍경으로만 보지 않는다. 쇠로 만든 울타리를 감고 올라가 알몸으로 겨울을 나고, 햇볕이 잘 드는 담장 너머로 가시 달린 줄기를 뻗어서 잎을, 그리고 꽃을 피워올린 장미꽃이다. 장미의 '간절함'과 '더 이상 잃지 않겠다는 따가운 전율'을 그녀는 읽어낸다. 그리고 그 꽃피움이 '어제보다 오늘이, 내일이 더 환해지겠다는 몸부림'이라고 말한다. 생존을 위한 투쟁을 잘 이해하고 있는 사람의 시선이다.
　「어떤 동거」는 가을의 정서를 표현했다. 어느새 가을이 왔다는 경이로움과 다채로운 가을의 빛깔을 표현하고, 이별의 시간이 가까워졌음을 깨닫는다.

　　길을 걷다가
　　빨간 단풍잎 하나 주머니에 넣었다
　　몸이 뜨거워졌고
　　계절에 덴 자국이 너무 아파왔다
　　외로움이 빌아되이 어깨가 들먹이기 시작했다

>   빛바랜 정신 나간 가을은 나를 보고 히죽거리고
>   내 이마에 달라붙어 경쾌하게 울다가 웃었다
>   모든 게 온전하게 가고 있는 거라고
>   슬퍼 말라고 속살거리는 귓속말에 술 취한 주정뱅이처럼
>   히죽히죽 웃어 주었다
>
>   그런 가을, 가을
>   너를 꽉 안고
>   열흘만 더 살고 싶다
>
>   ―「어떤 동거同居」 중에서

 길을 걷다가 주운 빨간 단풍잎을 주머니에 넣었더니 몸이 뜨거워졌다는 표현이 인상적이다. 분위기는 어둡지만 다소 장난스러운 화법으로 환절기를 '정신 나간 가을'이라고 부르고, 종말로 향해 가는 계절을 멈출 수 없음을 노래했다. 그러지 않아도 아쉽게 짧았던 가을이 기후변화에 따라 더 짧아지고 있는 요즘, '너를 안고 열흘만 더 살고 싶다'는 독백이 강렬하게 다가온다.

 또, 시인은 시「겨울 산」에서 겨울의 산을 '잠든 거인'이라고 부른다. 푸른 녹음을 다 잃고 쭉정이만 남은 산은 지금 깊은 잠에 빠져 있다. 그렇지만 절망할 필요는 없다고 그녀는 말한다. 죽음은 재생을 위한 준비이고, 겨울은 봄을 준비하고 있기 때문이다.

>   은빛 잔설이 드문드문 박혀 있는 거인의 뒤척이는 등짝은
>   존재만으로 내일의 약속을 지키고 있는 것이다
>   가지마다 물이 오르면

육중한 몸도 꿈틀거린다
끈끈한 생명줄 끌어안고 뜨거운 수액 안으로 흘려보낸다
쪽동백 실눈 뜨고 기지개 펴면 두견화도 하나 둘 덩달아 터진다

영겁의 우주 질서는 약속들로 채워져 있다
내가 너에게 약속했던 것처럼

— 「겨울 산」 중에서

골짜기마다 하얀 잔설을 얹고 있는 겨울의 산은 살아 있다. 곧 식물이 움트고 산의 육중한 몸속에는 생명의 수액이 끓어오를 것이다. 나무와 풀의 꽃들이 덩달아 터질 것이다. 고월예 시인은 아무리 겨울이 깊어도 다시 봄이 오리라는 자연의 약속을 믿는다. 그리고 그 약속이 지켜지리라는 것을 '너'에게 약속한다. 여기서의 '너'는 아마도 다음 세대로 이어진 소중한 누군가, 자녀가 아닐까 짐작해 본다. 이 작품에서도 생생히 움직이는 이미지의 표현이 돋보인다.

4. 세상을 보며, 앞으로 나아가다

고월예 시인이 시의 언어를 수련하고 감성을 닦는 일을 통해 목표했던 것은 무엇일까. 그 목표는 얼마나 달성된 것일까. 우리는 앞에서, 일상을 깨고 나와 자유로운 정신을 회복하고, 행복했던 어린시절의 고향과 사랑하는 가족 속에서 고유한 자신의 감성을 되살리려 한 고월예 시인의 긴 여정을 보았다. 이제 시인이 목표로 했던, 언어를 세련되게 다루는 힘을 얻게 되었고, 어린시

절부터 가져온 고유한 자아를 회복했다면, 다음 목표는 무엇일까. 진취적인 성품을 가진 그녀가 여기서 멈출 리 없다. 한 걸음 더 앞으로 나아가는 것이 목표다.

시「안경」의 첫 행에서 그녀는 공들여 안경을 닦으며, '너를 닦는 일'은 '나를 보기 위한 것'이라고 말한다. 자신의 내면을 바라보는 일의 중요성을 그녀는 잘 알고 있다. 이제 안경의 도움이 필요하게 되었지만, 안경을 안 쓰고 사물을 대충 보며 살아도 그만이다. 그렇지만 그녀는 세상을 선명하게, 제대로 보며 살고 싶다. 그래서, '안경 닦기'는 삶을 똑바로 바라보고 살아내겠다는 시인의 의지를 반영한다.

> 너를 닦는 일은 나를 보기 위한 것 공들여 닦는 이유다
> 검은 곳은 더욱 까맣게, 밝은 곳은 투명하게 보기 위해서다
>
> 양손으로 내 코와 귀를 잡고 있는 렌즈 너머로
> 겹겹이 지난날의 파도가 밀려온다
> 거부할 수 없는 흔적들이 나이테처럼 쌓여 있다
> 지나간 것은 저만치 밀어 놓고
> 오늘도 새로운 것을 보기 위해 닦는 작업을 한다
> ―「안경」 중에서

사람들은 원하는 것만 보고 듣고 싶은 말만 들으며 살고 싶은 욕망이 강하다. 그것이 자신을 보호하고 세상에 적응하게 한다고 스스로를 슬쩍 속이며 산다. 그렇지만 언젠가는 진실과 대면할 날이 온다. 시인은 편안해진 관성의 삶을 버리고, 이미 지나

가서 어쩔 수 없는 것들은 과감하게 체념하고, '새로운 것을 보기 위해 닦는 작업'을 하기로 한다.

데뷔작 중 하나인 「그 여자의 정원」은 고월에 시인에게 많은 의미가 있는 작품이라고 생각한다. 여자의 가치를 젊음과 생식 능력, 자녀 생산에 두는 사회에서, 나이들어 생리가 멎는 이른바 '완경完經*'은 여자로서의 가치를 잃었다는 선고가 되기도 한다. 그렇지만 한 사람의 삶이 사육하는 가축처럼 평가되는 것이 맞는 걸까? 이 시에서 시인은 그 해답을 찾는다.

> ABCD 알파벳을 익혀가던 시절
> 꽃봉오리 같은 배지를 달았어요
> 열매 맺으려 붉은 달을 만난 거죠
> 향기로운 기억을 베고
> 폭포수 같았던 그 여자
> 표표히 흐르며 나를 잊었나 봐요
> 늙어가는 것이 아니라 익어가는 거야
> 노랫말처럼 중얼거려요
> 몽환의 꿈같은 청춘이
> 툭! 떨어졌을 동백꽃
> 달콤한 꿈을 꾸기도 하고
> 깔깔대던 시간 끝에서
> 달에서 별까지 붉은 달빛이 고였지요
> 도란도란 꽃단장하던 한때가
> 아슴아슴 재촉하고요

---

* 보통은 '폐경'이라고 하지만, 임무를 완결했다는 뜻으로 요즘은 '완경'이라는 말을 많이 쓴다.

까무룩, 한 달의 기억을 잃었어요
　　그런데도 불구하고
　　날아든 벌, 나비 앞질러간 흔적이 말을 걸어요
　　청춘을 잃은 게 아니야
　　생물학적인 거야
　　완경 파티라도 열어볼까
　　한지처럼 젖어들었을 그 여자가 발효되고 있어요
　　오랜 햇살과 싸한 공기를 안고
　　꽃을 밀어내며 입덧 같은 잎이 자라나요
　　불면으로 뒤척이던 새벽이 정원을 열어요
　　꽃 진 정원을 바라보며 그 여자가 웃어요
　　창문 너머로 붉은 달빛은 사라지고
　　마른 땅 촉촉한 수분을 머금고
　　씨앗 하나 숨어 있을 것 같은
　　그 여자가 걸어 나오고 있어요
　　　　　　　　　　　　　　―「그 여자의 정원」 전문

　아직 여자로서의 자각이 확실하지 않은 때에 초경을 맞이하고, 그로부터 한 달에 한 번씩, 일주일가량 여자들은 피를 흘리며 산다. 여자들이 남자들보다 피를 무서워하지 않고, 그 이유가 달마다 출혈을 겪기 때문에 익숙해서라고들 한다. 한 사람의 여자가 평생 흘린 피의 양은 얼마나 될까. 아마도 상상보다 훨씬 많았을 것이다. 젊었던 시절, 괴롭지만 이상하게 황홀한 느낌이기도 했던 월경. 시 「그 여자의 정원」은 그 경험을 '설레임, 향기로움, 달콤함'으로 표현하고 있다. 여성성에 대한 긍정이다. 그리고 이제 그것이 멎었지만, 시 속의 여자는 '꽃 진 정원을 바라보며 웃는다'. 왜냐하면 그녀의 생명력은 끝난 것이 아니라 다른 차원으로 올라간 것이기 때문이다. '마른 땅 촉촉한 수분을 머금고 / 씨앗 하나 숨어 있을 것 같은 / 그 여자가 걸어 나오고 있어요'라는 끝맺음이 인상적이다. 그 밝음과 당당함 속에, 생명을 만들고 키우는 사람으로서의 자부심이 느껴진다.

마침내, 마지막 시에 도달한다. 「비 온 뒤」이다.

비 온 뒤 산에
누가 이 길을 내어 어느 발자국을 키우려 했을까
오랜 세월 길을 닦아온 흔적들이 보이는 듯
흠뻑 맞은 빗물에 초록 어깨가 들썩거린다
자연이 주는 무언의 의미를 알기까지 오래 걸렸다
푸르게 살아다오
산에 계신 아버지의 말씀 들리는 듯

비 온 뒤 숲을 찾는다
질퍽한 흙이 발가락에 끼어 함께 간다
새들의 울음소리에 귀가 맑아오고 숲과 내가 통통해진다
나뭇잎에 매달려있는 빗물이 바람을 만나 흩어진다
보라꽃 물봉선화에 피어나는 얼굴
밝게 살아다오
온몸에 달라붙어 따라오시는 어머니 말씀 같다
―「비 온 뒤」 전문

비는 자연을 정화한다. 비가 내린 뒤의 산은 말갛게 씻겨 있다. 앞서 걸었던 사람들이 잘 길들여놓은 진흙길을 시 속의 여자가 맨발로 오른다. 젖은 흙이 발가락 사이를 간지럽힌다. 자연이 주는 무언의 의미를 이제 알겠다고, 그러기까지 오래 걸렸다고 그녀는 독백한다. 맑은 산새의 울음소리와 푸르러진 숲과 불어난 개울물 소리, 바람에 날리는 물기를 온몸에 받으며, 그녀는 이제 자연의 일부가 되신 아버지가 딸에게 주시는, '푸르게 살아다오.'라는 말씀을 듣는다. 그리고 어머니를 닮은 보랏빛 물봉선화를 보며, '밝게 살아다오'라고 하시는 어머니의 말씀도 듣는다. 살아오는 동안 많은 일을 겪었지만, 그 경험들을 통해 얻은 그녀의 결론은 아버지가 딸이 이렇게 살았으면 하시던 대로, 어머니가 딸에게 또 그렇게 소원하신 대로 살고 싶다는 것이다. 바로, '푸르게, 밝게' 살겠다는 각오이다. 고월에 시인이 그렇게 찾고 싶었던 말, 오래도록 시에 정진하여 찾아낸 말이 바로 이것이 아니었을까.

   삶의 조건은 크게 달라지지 않더라도, 그 삶을 본인이 어떻게 규정하는가에 따라 그 사람의 세상은 천국이 될 수도 지옥이 될 수도 있다. 고월에 시인은 치열한 언어의 수련과정을 거치면서 삶을 어떻게 바라보고 어떻게 누릴 것인지에 대한 해답을 찾았다. 그리고 그녀 특유의 발랄하고 탄력 있는 이미지를 사용하여 의미 있는 삶의 순간순간을 포착해낸 작품들을 써냈다. 그리하여 자연과 일치하는 삶, 밝고 긍정적인 삶, 자신 있고 당당한 여자의 삶, 사랑하는 사람들과 뜻을 함께 하는 삶…. 그녀는 이미 많은 해답을 찾아냈다.

그렇지만 새로운 것에 대한 그녀의 호기심과 열정으로 보아, 그녀의 모험은 앞으로도 계속되지 않을까. 독자인 우리는 기대를 갖고 그녀의 앞으로의 행보를 지켜보기만 하면 될 것 같다.

이든기획詩選 023

그 여자의 정원

ⓒ 고월예, 2025

발행일	2025년 11월 25일
지은이	고월예
발행인	이영옥
편집인	송은주
펴 낸 곳	도서출판 이든북
출판등록	제2001-000003호
주 소	대전광역시 동구 중앙로 193번길 73
전화번호	(042)222-2536	팩스(042)222-2530
전자우편	eden-book@daum.net
카 페	https://cafe.daum.net/eden-book
공 급 처	한국출판협동조합
	전화 (02)716-5616 (031)944-8234~6

ISBN 979-11-6701-375-0 (03810)
값 13,000원

* 이 책의 판권은 지은이와 이든북에 있습니다.
* 이 책 내용의 전부 또는 일부를 재사용하려면 반드시 양측에 서면 동의를 받아야 합니다.